novum premium

Jörg Schwab

Was meint die Bibel eigentlich mit …

Begriffe aus der Bibel in ihrem ursprünglichen Bedeutungsumfeld

novum premium

Bibliografische Information
der Deutschen Nationalbibliothek:

Die Deutsche Nationalbibliothek
verzeichnet diese Publikation in
der Deutschen Nationalbibliografie.
Detaillierte bibliografische Daten
sind im Internet über
http://www.d-nb.de abrufbar.

ISBN 978-3-948379-82-7
Lektorat: Mag. Eva Reisinger
Umschlagfotos: Mauro Pezzotta,
Javier Cruz Acosta | Dreamstime.com
Umschlaggestaltung, Layout & Satz:
novum Verlag
Autorenfoto: Jörg Schwab

Gedruckt in der Europäischen Union
auf umweltfreundlichem, chlor- und
säurefrei gebleichtem Papier.

www.novumverlag.com

INHALTSVERZEICHNIS

PROLOG

PredigerInnen möchten eine klare, für alle Beteiligten nachvollziehbare Botschaft überbringen. Deshalb ist es ihnen immer wieder wichtig, Übersetzungen der biblischen Begriffe aus ihrem ursprünglichen Bedeutungsumfeld in die heutige Umgangssprache vorzunehmen. Diese Übertragung ist oft aufwändig. Dieses Buch möchte einige dieser Begriffsbestimmungen antizipieren.

Gelegentlich öffnet die Vertiefung in den biblischen Sinn der Worte dem/r BetrachterIn, sei es als PredigerIn, sei es als PredigthörerIn, eine neue, hoffentlich fundiertere Sichtweise Gottes zu einem Thema.

Ein Beispiel:
„*Am Anfang war das Wort. Und das Wort war bei Gott*", Joh 1, 1. Stimmt. Am Anfang der Welt sprach Gott: „Es werde Licht!", und es wurde Licht. Das wäre schnell abgehandelt. Man kann sich noch darüber auslassen, ob Gott sprechen konnte, und sich darüber wundern, welche Kraft dieses Wort hatte. Warum diese Worte das Johannes-Evangelium einleiten, liegt nicht auf der Hand.

Für *Wort* steht im griechischen Urtext: Logos. Das ist der Wortstamm des Begriffs Logik. Diese Erkenntnis leitet uns zu einem anderen Verständnis: Am Anfang war nichts sichtbar, erlebbar. Aber Gottes Logik, Gottes Plan, Gottes überirdische Intelligenz gab es schon. Aus der ist alles, was wir auf der Erde sehen und erleben können, geschaffen worden. In diesen überirdisch intelligenten Plan hinein erscheint Jesus. Das ist der Boden für ein aufbauendes Kerygma (*Botschaft*). Überspitzt kann man sagen: Gottes Intelligenz hat sich auf Jesus fokussiert.

Ein anderer Aspekt: Naturwissenschaftlicher Anspruch und biblische Botschaft sind oft nicht kongruent. Akademisch betrachtet wirkt es unsinnig, dass wenige Worte, von wem auch immer gesprochen, die ganze Erde erschaffen. Wenn man aber Logos mit *Logik* übersetzt, wird sofort deutlich, dass der Bibel ein anderes Denksystem zugrunde liegt. Nicht die Axiome der Naturwissenschaft greifen, sondern die Axiome der Intelligenz Gottes und auf dieser Ebene lohnt es sich weiterzudenken. So viel zum Beispiel Λογος (Logos): *Wort*, aber auch *Logik, wissenschaftliches System.*

Im Laufe der Jahrhunderte ist ein Bedeutungswandel von einigen Begriffen in der deutschen Sprache aufgetreten. Das wird auch angesprochen.

Die Rückbesinnung auf Wortbedeutungen zur Zeit der Apostel ermöglicht oft ein sinnvolleres Bibelverständnis und eröffnet Zusammenhänge. Dadurch erstellt sich ein kohärenteres inneres Bild von Gott, das man sich besser einprägen kann. Wenige Einzelwahrheiten können kurz memoriert werden, aber sie prägen sich nicht so ein.

(Sie kennen das: Wollen Sie sich eine Zahl merken, müssen Sie sich eine Person, einen Gegenstand merken, die/der eben diese Zahl repräsentiert. Dann vergessen Sie die Zahl nie. Gelingt das nicht, behalten Sie die Zahl nur eine kurze Zeit lang im Kopf.)

Die Methode hat 4 Teile:
Die einzelnen Begriffe werden zunächst in ihrer heutigen Bedeutung erfasst. Manchmal wird diese Bedeutung etwas ad absurdum geführt, wie im Inhaltsverzeichnis.

Dann wird anhand der hebräischen, griechischen, lateinischen, (mittelhoch)deutschen Wurzeln der Originalbedeutung nachgespürt.

Zum Dritten wird oft der Bedeutungsshift ein wenig nachvollzogen.

Letztlich werden ein paar Verse aus der Bibel neu übersetzt oder übertragen.

Das Vorgehen entspricht im weitesten Sinn einer naturwissenschaftlichen Aufarbeitung. Philosophisch geprägte Charaktere betrachten diese Methode evtl. mehr als Datensammlung und würden eine ausführlichere Darlegung erwarten. Auf eine solche epische Breite wurde aber bewusst verzichtet, weil das Buch in erster Linie als übersichtliches Nachschlagewerk bei der Erstellung von Predigten und Bibelstunden dienen soll.

Einige Kapitel sind bereits Gegenstand eines Hauskreisabends gewesen. Man kann bei jedem Begriff gern auf der gelegten Grundlage weiterdenken, man wird dazu sogar aufgefordert.

KAPITEL 1

BIBLISCHE BEGRIFFE HINTERFRAGEN UND BESSER VERSTEHEN

Glauben heißt nicht wissen?

Heutige Bedeutung

Ich glaube, morgen wird das Wetter besser. Das heißt: Mein Bauchgefühl sagt mir, dass sich das Wetter ändern könnte, aber das lässt sich nicht beweisen.

Ich glaube an Gott (Erfinder der Konjunktion *an*: Dr. Martin Luther (1), hingegen heißt es z. B. im Neugriechischen: πιστευω εισ τον θεον: *ich glaube in Gott hinein*) könnte analog heißen: Mein Bauchgefühl sagt mir, dass es Gott gibt, aber das lässt sich nicht beweisen.

Bedeutung in den Ursprachen

Elke Werner (2) entwickelt in ihrem Buch über die Jahreslosung 2020 erhellende Gedanken zum Thema Glauben aus den Ursprachen der Bibel.

1. Hebräisch: האמין(he emin, bekannt von Amen) heißt *glauben,* aber auch *ich stehe dazu, so sei es, ich bin treu.*
2. Griechisch: πιστευειν (pisteuein) heißt *glauben,* aber auch *vertrauen, sich jemandem anvertrauen, sich auf jemanden verlassen, von jemandem überzeugt sein.*
3. Latein: credere, kurz für cor dare heißt *glauben,* aber auch *das Herz geben, verschenken.*

Ich glaube heißt vor diesem Bedeutungsumfeld: Ich vertraue mich Gott an, schenke ihm mein Herz und stehe dazu. Vertrauen wird zur Treue. Πιστισ (pistis) heißt nicht nur *Glauben,* sondern auch *Treue.*

Dem Bedeutungswandel nachspüren

Ich denke nicht, dass Dr. Martin Luther der Einfachheit halber mit „Glauben" einen missverständlichen Terminus gewählt hat, um unsere Beziehung zu Gott zu beschreiben. Glauben hängt sprachlich mit Geloben zusammen. Ge ist dabei ein Zusammengehörigkeitspartikel (wie in Gebirge, Gewerke) und loben drückt im Germanischen und Slawischen (russ. Любовь Ljubov) *Übereinstimmung, Liebe* aus. Die ursprüngliche Bedeutung des Wortes Glauben drückt also eine zumindest mental innige Zusammengehörigkeit aus. Die hat Luther gemeint.

Den Shift zur modernen Bedeutung könnte man sich wie folgt herleiten: Wenn jemand an oder in Gott auf der emotionalen Ebene glaubt, ist das eine innere Überzeugung, die sich rational nicht beweisen lässt. Der außenstehende Betrachter setzt diese Überzeugung einem Bauchgefühl gleich.

Neue Übersetzungen

- Mk 9, 23: Jesus: *„Alles ist dem möglich, der mit vertraut!", Vater: „Ich schenke dir mein Herz, hilf mir aus meinem Kleinglauben (*= stärke mein Vertrauen*)!"* Jesus heilt das Kind und erfüllt a. die Bitte und stärkt b. das Vertrauen des Vaters hin zur Treue.
- Joh 3, 36: *Wer sich auf den Sohn verlässt, der hat (ein gutes) Leben in allen Zeitaltern, aber wer sich dem Sohn nicht zum Kind macht (*απαιθων *a-paithon), wird das Leben nicht sehen.*
- Hebr 11, 1: *Der Glaube in Zutrauen und Treue ist die Grundlage dafür, dass Dinge, die gehofft werden, in die Wirklichkeit überführt werden.*

Herrlichkeit ist synonym mit Schönheit?

Heutige Bedeutung

Das Wetter ist heute richtig herrlich. Das heißt: Mir gefällt das Wetter. Es ist vielleicht anders als sonst, weil die Sonne scheint, weil es nicht zu warm oder zu kalt ist. Ich könnte auch sagen: „Heute ist richtig schönes Wetter!“

Bedeutung in den Ursprachen

1. Hebräisch
   a לתפארת (latfarat) heißt *Pracht, Bedeutung.*
   b כבוד (kavod) heißt *Anwesenheit Gottes.*
2. Griechisch: δοξα (doxa) heißt nur in der Nebenbedeutung *Herrlichkeit*, in der Hauptbedeutung *Meinung, Ansicht, Plan, Wirken mit Verstand, Bedeutung, Wertesystem*
3. Latein: Gloria hat die Nebenbedeutung *Herrlichkeit,* in der Hauptbedeutung aber *Ruhm, Ehre* und *Bedeutung.*
4. Deutsch: Herrlichkeit kommt nicht von Herr, sondern von „hehr“, wie hehre Ziele.

So betrachtet, könnte man heute das Wort δοξα statt mit *Herrlichkeit* eher mit *Bedeutung* oder *Ruhm* ins Deutsche übertragen.

Dem Bedeutungswandel nachspüren

Herr-lich-keit (vielleicht: Hehr-lich-keit) war früher das Merkmal eines Menschen, der etwas zu sagen hat. Eine Herrlichkeit war damals ein regionaler Verwaltungsbezirk, an dessen Spitze ein Adliger, häufig ein Freiherr, stand (4). So klang das auch zur Zeit Luthers. Der gestand diese Herrlichkeit Gott zu, dessen „Machtbereich“ recht groß war. Entsprechend groß war seine Herrlichkeit.

Der Außenaspekt auf die Herrlichkeit hat allerdings die Verantwortung des Leiters eines Machtbereichs nicht im Auge. Was ins Auge fällt, ist das Äußere. Und das unterschied sich lange vom Gewöhnlichen. Viele kleine Mädchen möchten gern Prinzessin werden, nicht weil sie die Verantwortung reizt, sondern weil sie schön aussehen möchten. Der Außenaspekt bedingt wieder den Bedeutungsshift. Herrlichkeit ist heute kein Attribut mehr für Politiker. Bedeutung wohl.

Neue Übersetzungen

- 2. Mo 16, 9–10: (16) *Der Herr hatte die Vorwürfe des Volks gehört … Als sie zur Wüste hinüberschauten, erschien dort der „verschleierte Plan" Gottes* (Herrlichkeit in einer Wolke). Mose entschleierte ihn.
- Joh 17, 24: … *damit sie meine Bedeutung erkennen, die du mir gegeben hast, weil du mich vor dem Fall (*oder der Gründung*) der Welt geliebt hast.* (Fall: „Katabolie" ist mehr *Abbau, Abfall* als *Aufbau, Gründung*)
- Offb 21, 23: *Die Stadt braucht weder Sonne noch Mond als Lichtquelle, denn der „Ratschluss, das Wirken" Gottes hat sie hell gemacht und ihr Licht ist das Lamm.*
- 1. Petr 1, 24: *Denn alles Fleisch ist wie Gras und seine ganze „Bedeutung" (schwindet) wie eine Feldblume.*

Erbarmen wirkt erbärmlich.

Heutige Bedeutung

Das Wort Erbarmen kommt fast nur noch in der Kirche vor. Der Kirchenferne kennt mehr das Wort erbärmlich.

Bedeutung in den Ursprachen

1. Hebräisch: רחמ (Stamm des Worts für) *Gebärmutter.* Mit anderen Vokalen „rachamim", das heißt *Erbarmen*
2. Griechisch:
   a. ελεος eleos heißt *zittern.*

b. σπλαγχνον splanchnon: *es geht an die Eingeweide, schlägt auf den Magen, geht an die Nieren.*
c. οικτειρειν oikteirein: *sich aufreiben für die, die im Haus sind, Fürsorge für Kinder*

3. Latein: Miseri-cordia bedeutet *Herzigkeit für Elende.*
4. Deutsch: Barm-herzigkeit drückt gut aus, was biblisch gemeint ist: Herzigkeit kommt von *beherzt, sich ein Herz nehmen, bereit sein, etwas zu tun.* (s. Herz)

Barm (24) kommt aus dem Althochdeutschen, dem Gotischen. Es bezeichnet die *Fürsorge der Mutter für ein Kind.* Barm heißt der *Schoß, der Busen,* sogar der *Uterus (Gebärmutter),* also das *Komplettprogramm der Mutter für ihr Kind.*

Barmherzigkeit ist der Impuls, sich einem Bedürftigen, einem Mitmenschen (6) zuzuwenden, sich um ihn zu kümmern, wie sich sonst eine Mutter um ihr Kind kümmert. Man könnte sogar sagen: Sie ist der Impuls, die Schöpferkraft Gottes an einem Menschen weiterzuführen. Erbarmen ist wichtig für alle Menschen in den Wechselfällen des Lebens, nicht nur für „Erbärmliche“. Man kann sich auch um Menschen in kleinen Notlagen kümmern. Gott tut das auch.

Derjenige, der Mitleid (griechisch: Sympathie) hat, sieht, dass es einem anderen schlecht geht, fühlt das auch, aber das veranlasst ihn nicht zum Handeln. Die Herzigkeit, der Impuls zur Tat ist der Unterschied zum Mitleid, auch zur Empathie. Im Gleichnis vom barmherzigen Samariter wird die Herzigkeit gleich doppelt gefordert: einerseits ist sie der Impuls zur Hilfe, andererseits ist sie der Mut zu helfen, obwohl noch Räuber in der Nähe sein konnten.

Wir sehen, dass deutsche Redewendungen durchaus auch beschreiben, wie sich Erbarmen anfühlt. Eleos (Beben) kommt im Wort für Erdbeben kommt vor. Derjenige, der einen anderen leiden sieht, wird unruhig, zittert, bebt innerlich. Und dieses Beben treibt ihn zum Handeln. Jesus sagt auf die Frage, wer unser Nächster ist: *Derjenige, der in dir dieses Beben auslöst,* Lk 10, 37.

Kurz vorher hatte er das Gleichnis vom barmherzigen Samariter erzählt. Luther übersetzt, dass der Ausgeraubte in dem Gleichnis den samaritanischen Händler jammerte (ihm leid tat).

Es steht da aber splanchnon. Das umschreibt, wie sich Barmherzigkeit anfühlt: sie geht an die Nieren usw.

Dem Bedeutungswandel nachspüren

Der Bedeutungswandel vom Erbarmen zum Kümmern ist nicht sehr bedeutend. Wir müssen uns aber fragen, wieso das Wort aus dem öffentlichen Leben verschwunden ist. Ich denke, das hat mit der staatlichen Fürsorge zu tun. Früher war man auf Barmherzigkeit anderer angewiesen, heute ist die Fürsorge das Privileg des Staates. Der Staat signalisiert in etwa: „Ich mache das schon." Das ist bequem für BürgerInnen. Fürsorge ist aber anders als Barmherzigkeit. Für Fürsorge zahlt man in irgendwelche Versicherungen ein. Zumindest bezahlt die Allgemeinheit einer Grundgesamtheit die Fürsorge über Steuern. Deshalb hat man auch einen Anspruch darauf.

Neue Übersetzungen

- Jak 5, 11: *Von der Geduld Hiobs habt ihr gehört und das vom Herrn bereitete Ende habt ihr gesehen, weil es dem Herrn an die Nieren ging, auf den Magen schlug und er sich kümmerte.*
- Jer 15, 6: (16) *Mich (*Gott*) hast du als deinen Herrn abgelehnt und mir den Rücken gekehrt Ich bin müde (*darin*) geworden, mich um dich zu kümmern.*
- Mt 9, 27: *Zwei Blinde riefen laut: „Kümmere dich um uns, (*wir vertrauen dir*) du Sohn Davids."*

Wahrheit ist das Gegenteil von Lüge?

Heutige Bedeutung

Wahrheit ist ein hohes Gut. Wahrheit ist über jeden Zweifel erhaben. Auf Wahrheit kann man sich verlassen. Wahrheit wird angenommen, wenn mehrere Zeugen zu einem Thema das Gleiche sagen. Dabei kann Wahrheit sehr komplex sein. Man kann aber immer nur einen Teilaspekt sehen und selten den kompletten Sachverhalt. Man könnte sogar meinen, Wahrheit ist relativ. Die Forderung nach absoluter Wahrheit entspringt oft einem Denken, in dem es nur Alternativen (schwarz-weiß, ja-nein) gibt. Die Wirklichkeit ist aber oft grau und zwischen Ja und Nein angesiedelt.

Bedeutung in den Ursprachen

1. Hebräisch: האמת (hamat) heißt *Wahrheit, Wirklichkeit,* aber auch *Treue.*
2. Griechisch: αλήθεια (aletheia). Das Wort kommt von λανθανειν lantanein und das heißt *verbergen*. Das a verneint das Verbergen und so bedeutet das Wort: *Unverborgenes, Offenbares.*
3. Latein: veritas. Das Wort kommt von verum, was neben *wahr* auch *wirklich* heißt. Veritas kann man auch mit *Wirklichkeit, Realität* übersetzen.
4. Deutsch: Wahrheit hängt mit richtiger Erkenntnis, aber auch mit Wahrhaftigkeit, Echtheit, Wirklichkeit, Authentizität zusammen (21).

Die Verschleierung der Wahrheit ist genau deren Feind, deshalb ist der griechische Ansatz wichtig.

Das Hebräische hängt mit dem Wort Amen zusammen und mit dem hebräischen Wort für Glauben: האמין (he emin) (5, 2). Es gibt im hebräischen Denken mehr als Querverbindungen zwischen Glauben und Wahrheit. Auf Jiddisch bedeutet Emmet *Geständnis*, also *Offenbarung der Wahrheit*, z.B. nach einem Verbrechen.

In Joh 18 wird Jesus von Pilatus gefragt, ob er ein König ist. Jesus bestätigt das, und sagt dazu, dass er in die Welt gekommen ist, um die Realität (Wahrheit) Gottes zu bezeugen. Jeder, der zu dieser Realität gehört, kann Gottes Stimme hören. Das meint: Jesus ist ein König in der Wirklichkeit Gottes und ist in die andere Wirklichkeit, die er Welt (Κοσμοσ Kosmos) nennt, gekommen, um authentisch zu bezeugen, dass Menschen in beiden Wirklichkeiten leben können in Beten und Hören.

Interessanter Weise antwortet der Heide Pilatus darauf: „Was für eine Wirklichkeit?“ Er kann als Heide nicht den Innenaspekt der Wirklichkeit Gottes entschleiern. Er wird in der Kosmos-Wirklichkeit belassen und kann die göttliche Wirklichkeit/Wahrheit nicht begreifen, von der Jesus spricht. Immerhin wird er verunsichert und er will Jesus freisprechen.

Dem Bedeutungswandel nachspüren

Die Wirklichkeit Gottes erscheint oft verschleiert (lanthanein), unter anderem durch Worte, die in ihrer Bedeutung nicht – mehr – verstanden werden, a-leitheia (*Unverschleiertes*) ist wichtig.

Neue Übersetzungen

- Joh 1, 14: *Gottes Plan wurde Fleisch und wohnte unter uns. Wir erkannten seine Bedeutung: Er war das einzige Kind vom Vater, ein vollkommenes Geschenk (*und kam*) in die Realität/Wirklichkeit.* (s. a. Wort, Herrlichkeit)
- 2. Kor 13, 7–8: … *damit ihr das Gute tut, wir aber dabei bedeutungslos sind. Denn wir können nichts unter Außerachtlassung der Wirklichkeit Gottes tun, sondern nur über diese seine Bedeutung, evtl. seine Macht (*wirken*).* (s. a. Herrlichkeit)
- 2. Kor. 6,7: … *in der Logik der Wirklichkeit Gottes, in der Kraft Gottes* … (s. a. Wort)

Gerechtigkeit ist es, wenn alle gleich viel bekommen?

Heutige Bedeutung

Um den heutigen Gerechtigkeitsbegriff zu erfassen, müssen wir zurückgehen zu Kindergeburtstagen. Damals galt es, Tafeln Schokolade oder Gummibärchen möglichst gerecht zu verteilen: Wenn jedes Kind ein gleich großes Stück Schokolade, gleich viele Gummibärchen bekam, war alles gerecht. Leider war das vielleicht die letzte wirkliche Gerechtigkeit, die ich erlebt habe. Heute spricht man von gerechten Löhnen. Aber die sind nicht gerecht, sondern von Angebot und Nachfrage bestimmt usw. Letztlich soll Gott gerecht sein. Aber das geht schlicht nicht, es ist paradox, weil Gott barmherzig ist. Beide Adjektive schließen sich aus. Und die Allmacht Gottes für schlecht definierte Attribute herzunehmen, geht vielleicht zu weit.

Bedeutung in den Ursprachen

1. Hebräisch: צדקה Zedaka heißt *Gerechtigkeit, Wohltätigkeit, Rechtschaffenheit.*
2. Griechisch: δικαιοσυνη, δικαιος (dikaios, diakoaosyne) bedeutet *gerecht,* συνη (syne) *mit dabei sein, Teilhaftigkeit* (8)
3. Latein: Es gibt zwei Formen:
   a Ius (regelt menschliches Miteinander)
   b fas (regelt göttliches Recht) (11)
4. Deutsch: Gerechtigkeit setzt sich zusammen aus dem Zusammengehörigkeitspartikel Ge, aus „richtig" und der Abstrakta-Endung -keit. *Gemengelage aus Richtigkeiten.*

Der gerechte Mensch im Judentum war ein wohltätiger Mensch. Gott ist gerecht, *weil* er wohltätig ist. Das oben genannte Paradoxon (gerecht und barmherzig) wird aufgehoben. Der Mensch ist rechtschaffen, wenn er sich Gott zum Vorbild für Rechtschaffenheit nimmt (s. a. Rö 9, 14–16). Zedaka bezeichnet eigentlich nicht einen Moment einer Entscheidung, sondern meint eine Einstellung, Geisteshaltung: *Rechtschaffenheit.*

Gott ist immer rechtschaffen, weil er Rechtschaffenheit definiert. So gesehen ist kein Platz für die Theodizee, nämlich das menschliche Urteilen über die – falsch verstandene – Gerechtigkeit Gottes.

Die menschliche Rechtschaffenheit orientiert sich daran, was Gott recht ist. Ein Mensch, der gern und ohne Murren mit den Weisungen Gottes lebt, ist rechtschaffen. Von Hiob hieß es, dass er δικαιος (*gerecht*) (9) gelebt hat.

Bei den Römern verlangte die Ius-titia danach, dass für Vergehen gegen die Gemeinschaft angemessene Strafen zu verhängen waren (s. a. Waagschalengerechtigkeit dieser Göttin).

fas ist mit fatum (= *Schicksal*) verwandt: Das Fatum war das, was eine göttliche Instanz für einen Menschen beschieden hatte. Das Befolgen von Geboten dieser Götter hatte Einfluss auf das Fatum.

Dem Bedeutungswandel nachspüren

Das ist in diesem Fall einfach. Die Ius-Gerechtigkeit wird mit der Fas-Gerechtigkeit verwechselt. Das ist aber nicht zulässig und führt zu Missverständnissen.

Nachsatz: Die hebräische Gerechtigkeit hatte nach Maimonides 8 Stufen (10):

1. Unfreundlich geben
2. Freundlich zu wenig geben
3. Geben nach Bitte oder Aufforderung
4. Geben vor Bitte
5. Der Geber kennt den Bedürftigen nicht, der kennt aber den Geber.
6. Der Geber kennt den Bedürftigen, der kennt den Geber nicht.
7. Geber und Bedürftiger wissen nicht voneinander.
8. Hilfe zur Selbsthilfe

Neue Übersetzungen

- Mt 9, 13: *Ich bin gekommen, die Sünder zur Umkehr zu rufen und nicht die Rechtschaffenen.*
- Rö 1, 17: *Die Rechtschaffenheit Gottes wird (*portionsweise*) im Evangelium offenbart, (*so wächst*) aus dem Vertrauen die Überzeugung (*Treue*). Der Rechtschaffene wird aus der Überzeugung leben.* (s. a. Glauben)
- Spr 12, 5: *Die Gedanken der Rechtschaffenen sind redlich.*

Demut ist Kriechertum?

Heutige Bedeutung

Das Wort Demut ist aus dem Sprachgebrauch ziemlich verschwunden. Nur die Redewendung „jemanden demütigen" gibt es noch. Demütigen ist für den, der gedemütigt wird, nicht angenehm. Derjenige, der andere demütigt, wirkt nicht sympathisch.

Demut hat heute etwas mit Nachgeben zu tun, mit dem Anerkennen, dass ein anderer stärker ist, mehr zu sagen hat, und man hält sich zurück. Friedrich Nietzsche sagte: „Der getretene Wurm krümmt sich. So ist es klug. Er verringert damit die Wahrscheinlichkeit, von neuem getreten zu werden."

Bedeutung in den Ursprachen

1. Hebräisch: והענ anawa heißt neben *Demut* auch *Hingabe* und *antworten.*
2. Griechisch: ταπεινοφρασυνη (tapeino-phra-syne): *Teilhaftigkeit am niedrig von sich Denken, am bescheiden, anspruchsarm Sein.*
3. Latein: humilitas, von humus (*Erdboden*). Humilitas bezeichnet die *Bereitschaft, sich nicht zu schade zu sein, alle Arten von Diensten zu übernehmen.*

4. Deutsch: De-mut kommt vom mittelhochdeutschen dio (= *Knecht*) und muot (= *Gesinnung*, s. Herz) (12). Die *freie Entscheidung dazu, einer anderen Instanz zu dienen.*

Der/die Demütige erkennt an, dass eine andere Instanz Hilfe verdient und versieht diesen Dienst aus freien Stücken. Als demütige, hingegebene Menschen werden im Alten Testament Abraham, David und auch Mose beschrieben. Gott hatte sie gerufen und sie haben in Abhängigkeit von ihm so einiges nach seinem Willen umgesetzt (13). Unauffällig waren sie nicht.

Im Alten Testament wird die Demut dem Hochmut gegenübergestellt, dann auch mit der Übersetzung *Erniedrigung*.

Hochmut ist nach katholischer Auffassung eine Todsünde, weil er immer weiter in die Trennung von Gottes Plan mit uns führt. Man kann Demut Gott gegenüber als Tugend bezeichnen, weil sie zu Gott hinführt. Das ist gut, aber nicht das Wesen der Demut: Das Zentrum der Demut ist die Dienstbereitschaft, die Hingabe.

Gott schenkt in Liebe seine Gaben, Charismen an Menschen. Die nehmen die Geschenke in Liebe und Glauben an. Damit nicht z. B. ein „Gnadenstau“ entsteht, sind sie in Bescheidenheit Gott zu Diensten, geben sie die ihnen anvertrauten Geschenke weiter zu anderen Menschen. Sie können dabei einfache Aufgaben übernehmen, sie können schwierige Aufgaben übernehmen, auf den Schwierigkeitsgrad kommt es nach Rö 12 nicht an.

Wichtig ist es, sich bewusst zu machen, dass alles, was in der Kirchengeschichte zum Positiven verändert worden ist, nur selten durch das gesegnete Wirken einer einzelnen Person zustande gekommen ist. Fast immer gab es viele bescheidene Menschen, die die Vision mitgetragen und an ihrem Platz ihren „Beitrag“ geleistet haben.

Wenn wir aber Demut mit *Bescheidenheit* übersetzen, hat es von der Bedeutung etwas verloren. *Anspruchsarmer Einsatz zur Mitarbeit* wäre wohl der bessere Terminus.

Demut ist so etwas wie corporate identity mit und zu Gott.

Dem Bedeutungswandel nachspüren

Friedrich Nietzsche hat vielleicht ebenso viel zum Bedeutungswandel beigetragen wie liebe Christen mit „Gnadenstau", die ihre Vorsicht im Engagement als Tugend ausgegeben haben. Das schuf den Außenaspekt, dass demütige Menschen sich gern unauffällig geben.

Neue Übersetzungen

- Kol 3, 12: *Lasst euch ein, als von Gott ausgewählte Heilige und Geliebte, auf ein gutes Bauchgefühl zum Helfen, auf Brauchbarkeit, Einsatzbereitschaft (*Demut*), (*und doch*) Gelassenheit und Großzügigkeit.* (s. a. Erbarmen: Bauchgefühl zum Helfen)
- Zeph 2, 3: (16) *Ihr anderen aber, die nach seinen Geboten lebt: Bleibt bei ihm und strebt nach Rechtschaffenheit und Einsatzbereitschaft (*Demut*) (*für ihn*).*
- Mt 11, 29: *Wünscht euch mein Joch auf euch und lernt von mir, denn ich bin gnädig und von Herzen einsatzbereit (*aber auch bescheiden).
- Hiob 40, 11: (16) *Lass deinen Zorn losbrechen, finde jeden stolzen Menschen heraus und erniedrige ihn (*oder: mache ihn bescheiden*).*

Freude ist Freude?

Heutige Bedeutung

Heute werden Freude, Glück großgeschrieben. Durch allerlei Mechanismen streben wir danach, unser Glückszentrum im Gehirn zu stimulieren. Man kann unserer Zeit eine gewisse Sucht nach Glück nicht absprechen. Bei den meisten Menschen ist das kompensiert, andere übertreiben es mit dem ungebremsten, meist krank machenden Gebrauch von Freudengeneratoren. Freude ist eine wesentliche Triebfeder zum Handeln. Man wird davon ausgehen müssen, dass Freude auch in der Bibel eine Rolle spielt.

Bedeutung in den Ursprachen

1. Hebräisch: שמחה simha: *Freude,* מזל טוב mazel tov: *viel Glück* (Neuhebräisch), Freude und Glück werden unterschieden
2. Griechisch: Das Griechische unterscheidet sechs Sorten von Freude
   a. αγαλλιασις (Agalliasis): *Jubel, sich an seinem Schmuck freuen, erhabene Freude*
   b. χαρα (Chara): *Wonne, Seligkeit*: Phil 4, 4: *Freut euch im Herrn allezeit.*
   c. ηδονη (Hedone): *Freude in der geschlechtlichen Liebe, Lust*
   d. ευθυμια (Euthymia): *Frohsinn, Heiterkeit*
   e. ευφροσυνη (Euphrosyne): *weltliches Vergnügen, Ausgelassenheit*
   f. τυχη (Tyche): *Glück, Schicksal* (wie auch immer), *Erfolg*
3. Latein:
   a. Gaudium: *Genuss*, aber auch *Freude im Herrn* nach Phil 4, 4 (14)
   b. Laetitia: *Schönheit, Anmut, Fröhlichkeit*
   c. Fortuna: *Glück, gutes Schicksal*
4. Deutsch: Freude hat sich aus dem althochdeutschen Wort frouwida entwickelt. Glück: Mittelhochdeutsch ge-lücke (*in die „Lücke" passend*)

Gerade das Griechische macht deutlich, dass Freude nicht gleich Freude ist. Die χαρα-Freude ist die Freude, die aufkommt, wenn wir mit Gott übereinstimmen. Das Wort hängt mit χαρις (charis) zusammen: *Geschenk Gottes.* Chara ist eine tief empfundene Freude, die durch kürzer angelegte Freuden nicht dauerhaft ersetzt werden kann. Der Mensch strebt eigentlich nach dieser Chara-Freude. Die Eu-Freuden (δ, ε) kommen auch im Übermaß nicht an diese Freude heran, können aber sog. Appetithäppchen sein für die ungetrennte Gemeinschaft mit Gott (37).

Dem Bedeutungswandel nachspüren
Freude, Glück wird erstrebt. Der Glaube und die Kirche werden hingegen im Außenaspekt als freudlose Institution angesehen. Das ist fatal, denn im Glauben ist die tief empfundene dauerhafte, vielleicht einzig wirklich echte Freude zu finden. Diese Freude hält Christen beim Herrn.

Neue Übersetzungen

- Lk 1, 14: *Es wird dir Freude (*chara*) und Jubel (*Agalliasis*) zuteilwerden und viele werden sich über seine Geburt freuen.* (Freude in Gott)
- Lk 16, 19: *Ein Mensch war reich, kleidete sich dekadent in Purpur und amüsierte sich (*Euphrosyne*) täglich köstlich.*
- Gal 5, 22: *Aber die Frucht des Geistes ist Liebe, Freude (*Chara*), Friedfertigkeit, Großzügigkeit, Nützlichkeit, Qualität in der Arbeit, Treue, Gelassenheit und Selbstbeherrschung.*

Das Herz ist ein wichtiges Organ des Körpers und ein altes, aber gängiges Emoji für Liebe?

Heutige Bedeutung
Das Herz ist in unserem Sprachgebrauch ein bedeutsames Organ, das über Leben und Tod entscheidet. Das Emoji „Herz“ ist mit seinen Rundungen oben und dem v unten ein Symbol für den „Barm-Aspekt“ (s. Erbarmen) der Frau. In diesen Bedeutungen wird das Herz in der Bibel kaum benötigt.

Bedeutung in den Ursprachen

1. Hebräisch: לב leb heißt *Herz,* aber auch *Inneres, Gemüt, Wille, Verstand, Gewissen.* (Leb-kuchen könnte wegen leb so heißen, s. Jahrmarkt: Leb-kuchen-herzen, wohl eigentlich ein Hendiadyoin.)
2. Griechisch: καρδια kardia heißt *Herz,* aber auch *Gefühl, Verstand, Bewusstsein, Prägung.*(26)
3. Latein: cor heißt *Herz,* aber auch *Gefühl, Verstand, Bewusstsein, Wissen.*
4. Deutsch: Herz, Beherztheit: muot, später Mut (Langmut, Sanftmut, Wagemut … s. a. Demut, Barm-herzig-keit), englisch: mood: *Stimmung.*

Heute redet man nicht mehr von *Mut,* weil bei dem Wort der Wagemut mitklingt, der in Friedenszeiten nicht so gefragt ist. Man spricht mehr von *Gesinnung* oder von *Einstellung,* die man lernen kann. Es gibt aber einige Worte, die mit -mut, -mütigkeit oder -herzigkeit enden und Einstellungen beschreiben.

Das Herz ist im menschlichen Körper spürbar aktiv. Das Herz in der Bibel beschreibt offenbar die bewusste Aktivität von Menschen mit einer bestimmten Einstellung. Aufgrund einer gewissen Demut (s. o.) erlauben Menschen es Gott, ihre Einstellung durch seinen Hl. Geist zu justieren. So bittet Salomo in 1. Kö 3, 9 (18) um ein gehorsames Herz, um sich von Gott sagen zu lassen, was richtig und falsch ist (als Gegensatz dazu s. 1. Mo 3, 5). Wenn man von Gott eine ihm gefällige Einstellung erlernt, entwickelt, bekommt man – wie Salomo – ein gutes Urteilsvermögen. Dafür scheint der Begriff Herz zu stehen. Letztlich scheint das Herz im Positiven die bewusste, aktive von Gott beeinflusste Einstellung von Menschen zu beschreiben. Das Herz kann auch anders, nicht von Gott und seinem Geist geprägt sein, z. B. Rö 2, 5.

Letztlich gibt es in der Bibel keine harte Grenze vom Begriff Herz zum Begriff Seele, wie man an den Übertragungen aus den verschiedenen Sprachen unschwer erkennen kann.

Dem Bedeutungswandel nachspüren

Einen Bedeutungswandel gibt es nicht. Es gibt drei Bedeutungsinhalte für ein Wort. Das biblische Wort Herz lässt sich mit *Bewusstsein, Prägung* oder *Einstellung* übersetzen. Diese Bedeutung gibt es bis heute, wenn wir uns „ein Herz fassen".

Neue Übersetzungen

- Lk 10, 27; Mt 22, 37: *Du sollst den Herrn, deinen Gott, liebhaben in der bewussten Einstellung, in der unbewussten Gefühlswelt, mit ganzer Wirkung und ganzer Intelligenz (*δια–νοια: Hindurchdenken, Durchblick*).* (für beide s. a. Seele, Kraft)
- Ps 90, 12b: Luther: *„Lehre uns bedenken, dass wir sterben müssen, auf dass wir klug werden!"* Vulgata: *„Zeige uns, dass unsere Tage gezählt sind, damit wir ein weises Herz bekommen."* Septuaginta: *„… damit das Herz in die Weisheit kommt"*, hebräisch: *„ein weises Herz erlangen*" (18). (Das bestätigt, dass Weisheit eine Funktion des Herzens ist.)
- 2. Kor 1, 22: *Gott hat uns beglaubigt (*autorisiert*) und hat uns als Anzahlung (*oder als Handgeld*) den Hl. Geist in unser inneres Empfinden (*für Herz*) gegeben.*

Die Seele ist die Gefühlswelt der Menschen?

Heutige Bedeutung

Essen hält Leib und Seele (Materie und Leben) zusammen. Es gibt organische und seelische Krankheiten. Seele wird als Überbegriff des Gefühlslebens von Menschen verstanden.

Bedeutung in den Ursprachen

1. Hebräisch:
   a. נפש (nefesch, 18): *Kehle*
   b. רוח (ruach): *Atem, Leben,* anfangs auch *Seele,* Hauptbedeutung: *Wind*
2. Griechisch: ψυχη (psyche): *Seele, Leben, Bewusstsein, Person*
3. Latein: anima: *das, was die belebte Welt von der Materie unterscheidet*, s. a. Re-anima-tion, auch *Wind, Leben,* Nebenbedeutung: *Seele*
4. Deutsch: Seele (21): Das Wort stammt aus dem Germanischen, Gotischen. Damals hatte man die Vorstellung, dass das Leben der Ungeborenen und Toten in einem „See" ruhte. Seele meint eigentlich *Leben* und *Innenleben* (auch einer Sonde, eines Rohrs).

Alle lebenserhaltenden Stoffe (Luft, Essen, Trinken) kommen durch die Kehle. Die Kehle ist mehr passiv, sie perzipiert, ob das Notwendige in einem guten Maß diese Enge passiert. nefesch, die *Kehle*, beurteilt emotional, ob die Lebensumstände dem eigenen Leben zuträglich sind. Sie produziert Gefühle, Bedürfnisse. Es gibt basale Grundbedürfnisse (23) und weniger wichtige Bedürfnisse. Liebe ist ein wichtiges Grundbedürfnis des Menschen. Die Seele in der Bibel ist die unbewusste, passive, von Empfindungen, weniger vom Verstand geprägte Hinwendung zum eigenen Leben und zur Umwelt. Die Hinwendung zu Gott in Liebe (als Emotion) ist anders als die rationale, eher intellektuelle Ausrichtung auf ihn.

Gott hat dem Menschen den ruach, *den Atem, den Wind, das Leben,* eingehaucht. Ruach macht in den Ursprachen offenbar das Leben aus und hat mit Wind zu tun. Atmen ist charakteristisch für Leben.

Dem Bedeutungswandel nachspüren

Der Mensch beurteilt im Wesentlichen unterbewusst, was er neben Luft und Nahrung zum Leben braucht. Diese Beurteilung erfolgt über Gefühle: Er spürt, die aktuelle Situation ist zuträglich oder nicht, er ist froh oder traurig. Die Seele steht bis heute für das Unterbewusste.

Neue Übersetzungen

- Mt 11, 29b: *Ihr werdet Erholung für eure Bedürfnisse, euer Verlangen finden.* Αναπαυειν ana-pauein könnte auch heißen: *Das Verlangen wird gestillt, die Bedürfnisse hören auf.*
- Joh 10, 24b: *Bis wann verzögerst du (*die Erfüllung*) der Grundbedürfnisse unserer Leute?* Luther: *Wie lange hältst du uns im Ungewissen?*
- Rö 2, 9: *Angst und Bedrängnis kommen über das Empfinden (*die Emotion, Seele*) von Menschen, die das Unheil (*mit Absicht*) bewirken oder durchsetzen.*

Kraft misst man in Newton?

Heutige Bedeutung

Kraft wird gerade bei Männern gern gesehen. In der Steinzeit waren Frauen von kräftigen Männern mit ihren Kindern sicherer als die von schwächeren Männern. Früher maß man die Kraft in Kilopond, heute tatsächlich in Newton mit der Einheit kg x m/s^2. Kraft ist die Fähigkeit, eine Masse über eine Strecke in einem Zeitraum zu transportieren. Je mehr, je weiter, je schneller, desto besser.

Bedeutung in den Ursprachen

1. Hebräisch: מאד
   a. mod bedeutet *Kraft*, aber auch *viel, sehr, intensiv*
   b. כח koch bedeutet *Kraft, Gewalt, Fähigkeit, Tauglichkeit, Ertrag, Vermögen, Habe*

2. Griechisch:
3. a. ισχυς ischys, gelesen is-chys: *Kraft, Möglichkeit, Elan*
4. b. δυναμις dynamis: *Vermögen, Wirkung, Möglichkeit,* aber auch *Ansehen* (s. a. Dynamit)
5. c. κρατος kratos: *Macht, Oberbefehl, Übermacht*
6. d. εξουσια exousia: *Gewalt*
7. Latein: fortitudo: *Kraft, Energie, Elan*
8. Deutsch: Kraft ist Alt- und Mittelhochdeutsch und heißt auch *Geschicklichkeit, Geisteskraft.* Es gibt im Deutschen die Formulierung: „kraft meines Amtes", d. h. *mit den Möglichkeiten meines Amtes.*

Man kann Kraft wohl allgemeiner mit *Wirkung, Möglichkeiten* übersetzen.

Mit Kraft hat man die Möglichkeit, etwas intensiv (hebräisch) zu tun, vieles zu bewältigen, eine große Wirkung zu entfalten. Man würde heute sagen, dass man viel Energie für eine Aufgabe hat. Es dreht sich bei den o. a. Begriffen für Kraft in den alten Sprachen oft nicht um Muskelkraft, sondern um Möglichkeiten, Begabungen.

Dem Bedeutungswandel nachspüren

Der Bedeutungswandel in der deutschen Sprache reduziert die eigentlich viel breiter gefasste Wirkung auf die Körperkraft. Der biblische Begriff steigert die Intensität, Virtuosität und die Möglichkeiten einer – meist sinnvollen – Beschäftigung.

Neue Übersetzungen

- Mk 5, 30a: *Jesus bemerkte, dass von ihm eine Wirkung (*statt Kraft*) ausging.*
- Rö 15, 19: (Paulus: Ich kann reden*) mit den Wirkungen von Zeichen und Wundern und den Möglichkeiten des Hl. Geistes.*
- aus 1. Chr 29, 11 und Offb 5, 13b im Vater unser, Luther übersetzt: *Denn dein ist das Reich und die Kraft und die Herrlichkeit*

in Ewigkeit. Neue Übertragung nach Offb 5: *Bei dir ist Erhabenheit (*gutes Denkvermögen, eu-logia, auch Lob*), Würde zur Ehrfurcht, große Bedeutung und Übermacht bis hinein in jedes Zeitalter.* (s. a. Vater unser)

Gott muss man fürchten, er ist streng?

Heutige Bedeutung

Furcht ist etwas, was das Gegenüber unsympathisch macht. Man macht lieber einen Bogen um Menschen und Institutionen, die man fürchtet. Anfang des 20. Jahrhunderts wurde Gott gern in die Erziehung von Kindern einbezogen: „Gott sieht alles …“ Das machte ihn sicher nicht sympathischer und produzierte einige ekklesiogenen (kirchen-verursachte) Neurosen (psychische Krankheiten).

Bedeutung in den Ursprachen

1. Hebräisch: יראה jir'a: *Furcht, Ehrfurcht*
2. Griechisch
   a. φοβος (phobos): *Flucht, Furcht, Ehrfurcht*
   b. τιμη (time): *Ehr-furcht, Wertschätzung,* aber auch *Preis, Wert*
   c. δεος (deos): *Angst, Furcht, Gefahr*
3. Latein:
   a. timor: *Furcht, Angst, Ehrfurcht*
   b. metus: *Besorgnis*
   c. horror: *Schrecken*
4. Deutsch: Furcht, Entwicklung aus dem Mittelhochdeutschen mit gleicher Bedeutung Μη φοβετε, ∞∞ *fürchtet euch nicht …* so beginnen Ansprachen von Engeln aus der ewigen Welt Gottes an Menschen auf der Erde. Gott will Liebe. Das lässt er sich viel kosten.

Er möchte gerade kein Regiment, in dem Menschen Furcht haben. In totalitären Regimen sind Menschen an der Macht, die dem Anspruch meist intellektuell nicht gewachsen sind und müssen autoritativ regieren. So ist Gott nicht. Er umgibt uns mit Liebe. Schon weil er nicht mit Druck regiert, gebührt ihm unsere Ehrfurcht. Und die Ehrfurcht vor Gott bringt uns weiter … auch hin zu ihm.

Dem Bedeutungswandel nachspüren

Ich denke, in totalitären Regimen wird die allgemein herrschende Furcht gern auch auf Gott projiziert. Das ist nicht angemessen, aber verständlich. Furcht ist allgegenwärtig und wirkt nicht besonders unangenehm. Hingegen ist Ehrfurcht in totalitären Regimen schlecht möglich. Auch das wird auf Gott übertragen.

Wir leben momentan nicht in einem totalitären Regime, auch wenn die Fettnäpfchen wieder ziemlich eng stehen. Wir tun gut daran, mehr die Ehrfurcht vor Gott als die Furcht vor Gott zu predigen. *Die Ehrfurcht vor Gott ist der Anfang der Weisheit* (s. Weisheit), Spr 9, 10.

Neue Übersetzungen

- Eph 5, 21: *Ordnet euch einander unter in Ehrfurcht vor Christus.*
- Hebr 12, 28b: *Lasst uns dankbar sein und Gott brauchbar dienen mit Zurückhaltung und Ehrfurcht.*

Weisheit hat etwas mit grauen Haaren zu tun?

Heutige Bedeutung

Weisheit ist heute angesehen, wird aber hinterfragt. Ältere Menschen können weise wirken, aber doch aufgrund eines dezenten cerebralen Abbauprozesses etwas pauschal denken. Die jüngeren Generationen sind zu detailliertem Denken in der Lage und sehen das Pauschale mit Misstrauen. Die rasante Entwicklung etwa in der Informationstechnologie führt dazu, dass das Wissen, das Know-how der älteren Generation heute viel weniger geschätzt wird als zu Zeiten der Bibel.

Bedeutung in den Ursprachen

1. Hebräisch: חכמה chokmah, wörtlich: *Trennung von wie und von was* (27), das hört sich sehr nach Intelligenz an, der Fähigkeit, zwischen den Zeilen zu lesen. חיל chajil: *Weisheit*
2. Griechisch:
   a σοφια (sophia): *Weisheit, Geschicklichkeit, Erfahrung in einer Situation*
   b σοφροσυνη (sophro-syne): *dauerhafte* (σψνη) *Weisheit*
3. Latein: sapientia: *Weisheit, Einsicht, Philosophie*
4. Deutsch: weise stammt aus der Wortgruppe *wissen* und wies ursprünglich auf das Aussehen hin (s. a. Art und Weise, Weise als Lied) (21)

Leider hilft diese Betrachtung nicht weiter. Der biblische Befund schon.

Spr 18, 15: *Ein verständiges Herz* (s. Herz) *erwirbt Einsicht und das Ohr der Weisen sucht Erkenntnis.* Weisheit ist also nicht ein Endzustand, der im hohen Lebensalter eintritt, sondern ist schon beim Lernen vorhanden.

Hiob 28, 28: *Die Ehrfurcht vor Gott ist Weisheit, das Meiden von Bösem ist Einsicht.* Weisheit ist es, im Willen Gottes zu leben, s. a. Eph 2, 10. Weisheit hat mit der Ehrfurcht vor Gott zu tun. Ein weiser Mensch wird sich nicht gegen das stellen, was er von Gott erkannt hat. Das gibt ihm eine gewisse Stabilität.

Kol. 2, 3: *In Christus liegen verborgen alle Schätze der Weisheit und der Erkenntnis.*

Dietrich Bonhoeffer hat sich zu diesem Thema Gedanken gemacht: „Weisheit ist etwas anderes als Wissen und Verstand und Lebenserfahrung. Weisheit ist das Geschenk, den Willen Gottes in den konkreten Aufgaben des Lebens zu erkennen.“ (25)

Dem Bedeutungswandel nachspüren

Ehrfurcht vor Gott geht in einem säkularen Zeitalter verloren. Deshalb geht die christliche Prägung mit Weisheit verloren. Man hört weniger darauf, wenn jemand eine solche Weisheit von sich gibt. Pred 9, 16: *Weisheit ist besser als Stärke, doch des Armen Weisheit wird verachtet und auf seine Worte hört man nicht.* Weisheit wird heute mehr im außerchristlichen Bereich gesucht.

Neue Übersetzungen

- Kö 3, 28b: … *und das Volk sah, dass Gottes Weisheit in ihm war, Gericht zu halten …*
- Mo 34, 9: *Josua wurde erfüllt mit dem Geist der Weisheit, weil Mose ihm seine Hände aufgelegt hatte.*
- Mt 2, 1: *Die Weisen aus dem Orient heißen im Griechischen* μαγοι, *magoi, Magier, heute eher Wissenschaftler. Sie hatten den Stern gesehen, aber noch nicht Weisheit von Gott empfangen.*

Klugheit misst man mit dem IQ?

Heutige Bedeutung

Intelligenz ist gefragt. Menschen mit hoher Intelligenz erledigen pro Zeiteinheit mehr Arbeit. Andererseits können intelligente Mensch gefährlich sein.

Bedeutung in den Ursprachen

1. Hebräisch: ערום (erwem): *klug, listig*
2. Griechisch:
   a. φρονησις (phronesis): *Denkweise, Überlegenheit*
   b. πανουργια (panourgia): wörtlich: *komplette Bewerkstelligung, Schlauheit, List*

3. Latein: prudentia: *Klugheit, das vorher* (pro) *Wissen*
4. Deutsch: Klugheit: Mittelhochdeutsch kluocheit: *Feinheit, höfisches Benehmen, Anstand,* aber auch *Schläue*

Klugheit wird in der Bibel unterschiedlich gesehen, sie nützt immer dem Klugen, nicht unbedingt der Allgemeinheit, nicht unbedingt der Gemeinde, nicht unbedingt Gott.

1. Kor 3, 19: *Die Klugheit dieser Welt ist Torheit bei Gott. Es steht geschrieben (Hiob 5, 13): Er fängt die Überlegenen in ihrer Klugheit, Schläue.* Bei Klugheit schwingt in allen Sprachen List, Schläue, i. E. Egoismus mit.

Der Kluge soll aber nicht Perlen vor die Säue werfen, oder nach Spr 23, 9: *Rede nicht vor den Ohren des Unverständigen, denn er verachtet die Klugheit deiner Rede.*

Dem Bedeutungswandel nachspüren

Klugheit, Intelligenz wird tatsächlich mit dem IQ gemessen. Es gibt kaum einen Bedeutungswandel.

Klugheit kann bei dem in Weisheit münden, der die richtige Einstellung zu Gott hat.

Klugheit ohne Gottes Werte kann eine egoistische Vorteilnahme verursachen.

Neue Übersetzungen

- Lk 1, 17: *Er wird … hinwenden die Einstellungen (*Herzen*) von Vätern zu denen von Kindern und diejenigen, die kein kindliches Vertrauen haben, wird er hinwenden zur Denkweise (*Klugheit*) der (*ihm*) rechten (*Rechtschaffenen*)* … (s. a. Herz, Gerechtigkeit)
- Spr 12, 23: *Ein verständiger Mann trägt seine Klugheit nicht zur Schau.*
- Mo 3, 6: *Die Frau sah, dass es Spaß machte, von dem Baum zu essen, weil er klug machte.*

Wir werden von Gott immer mal begnadigt?

Heutige Bedeutung

Begnadigungen gibt es in der Rechtsprechung und in totalitären Regimen. Menschen, die gegen die Regeln massiv verstoßen haben, werden z. B. wegen guter Führung oder nach erfolgreicher Gehirnwäsche begnadigt.

Bedeutung in den Ursprachen

1. Hebräisch:
   חנן (chanan): *jemandem geneigt sein* (28)
   חסד (cheßed): *Liebe, Gunst, Gnade; Barmherzigkeit*
2. Griechisch: χαρις (charis): *Wohlwollen, Gefälligkeit, Gnade, Geschenk, Dank* (28)
3. Latein:
   a gratia: *Anmut, Freundlichkeit, Gefälligkeit*
   b favor: *Gunst*
4. benignitas: *Wohlwollen, Freigiebigkeit*
5. Deutsch: Gnade: ursprünglich im Mittelhochdeutschen: *Rast, Ruhe, Behagen, göttliche Hilfe*

Keiner dieser Begriffe hat die erste Bedeutung Begnadigung. Immer ist Freundlichkeit das Zentrum des Begriffsfelds. In der Bibel wird charis zu 90% mit *Gnade* übersetzt (nicht so sehr bei Johannes, da wird charis meist mit *Dank* wiedergegeben, aber umso mehr bei Paulus).

Eine Liebesbeziehung zu Gott kann nicht echt sein, wenn man immer wieder von ihm begnadigt wird. Gnade passt nicht gut zur Liebe. Freundlichkeit gehört hingegen zum Wesen von Liebe.

Es gilt deutlich zu machen, dass Gott nur in der Liebesbeziehung zwischen Gott und Mensch freundlich und gnädig ist. Hingegen ist er in einer Beziehung, die durch Gottferne, Trennung geprägt ist, allmächtig und man kann ihn aus der Distanz heraus eben nicht einen guten Mann sein lassen.

Dem Bedeutungswandel nachspüren

Man kann die Begriffe Gnade, Geschenk und Dank subsummieren unter den Begriff Freundlichkeit. Luther tat das nicht, weil Gnade damals noch eine Bedeutung hatte, die mehr in Richtung Freundlichkeit ging (15).

Wenn wir in der Kirche so oft von Gnade und nicht von Freundlichkeit reden, haben wir wohl Angst vor der billigen Gnade nach Bonhoeffer (29): Menschen könnten sich nicht mehr um Gottes Weisungen kümmern, weil sie wissen, dass Gott immer freundlich ist und nichts übelnimmt. Das unterscheidet Gnade aber nicht von Freundlichkeit. Der Gnade birgt diese Versuchung ebenso wie der Freundlichkeit.

Drittens muss man wieder totalitäre Regime bemühen. Dort sind Begnadigungen sehr willkommen. Das gern Gesehene wird Gott zugeschrieben. Momentan leben wir (noch) nicht in einem totalitären Regime. Deshalb werden Begnadigungen nicht besonders geschätzt. Wenn man begnadigt wird, fühlt man sich schuldig und unter Zwang. Das kann uns Gott unsympathisch machen. Die Freundlichkeit Gottes lädt Menschen ein und schafft weniger Distanz.

Neue Übersetzungen

- Jes 54, 8: *Ich habe einen Moment lang mein Gesicht vor dir verborgen, doch mit der Freundlichkeit dieses Zeitalters kümmere ich mich um dich.* (s. a. Ewigkeit, Barmherzigkeit)
- Joh 1, 16: *Denn aus seiner Allmacht haben wir empfangen eine Atmosphäre der Freundlichkeit (*eigtl. Freundlichkeit gegen Freundlichkeit*)*
- Kor 1, 12: *Wir sind nicht in fleischlicher (*intellektueller*) Weisheit in der diesseitigen Welt und bei euch aufgetreten, sondern in der Gunst Gottes.*

Geduld ist langweilig?

Heutige Bedeutung

Wir leben in einer schnelllebigen Zeit. Erfolge müssen sich sofort einstellen, sonst sind es keine. Selbst Sketches oder Witze unserer Tage sind kurz. Früher nahm man sich die Zeit, die Situation aufzubauen, zu schildern, in die das Überraschende hinein geschieht. Diese Zeit nimmt man sich heute nicht mehr.

Geduld ist keine Tugend, sie droht sogar zur Untugend zu werden.

Geduld wird dennoch von Menschen oft gefordert, sie ist aber problematisch. Man hat ein großes Pensum, das erledigt werden muss. „Nimmt man sich Zeit" für viele einzelne, kommt man mit seiner Zeit, seinen inneren Ressourcen nicht hin. Man macht Überstunden, geht über seine Kraft.

Bedeutung in den Ursprachen

1. Hebräisch:
   סבלנות sawlanut: *die Ruhe bewahren*
   סבליינית sawlinit: *Erheiterung* (17)
2. Griechisch:
   a υπομονη Hypomone: *drunter bleiben unter einer Emotion*
   b μακροθυμια makrothymia: *Großzügigkeit*
3. Latein: Patientia, von pati: *ertragen, erleiden, tolerieren*
4. Deutsch: Ge-duld setzt sich zusammen aus dem Zusammengehörigkeitspartikel Ge und dulden: *erleiden, ertragen,* ähnlich wie in Latein patientia

Der biblischen Geduld wird man am ehesten gerecht durch *Ruhe bewahren, Gelassenheit.* Das Hebräische und auch das Griechische heben hervor, dass man beherrscht sein soll, nicht seinen Emotionen freien Lauf lassen mag, die Ruhe bewahrt.

Der jüdische Humor ist im Grunde Geduld. Die Bibel lehrt uns Widrigkeiten mit ein wenig Humor zu nehmen. Nicht sarkastisch, sondern irgendwie offen.

Beispiel: Arabisch-israelischer Krieg. Bombenangriff auf Tel Aviv. Zalman Zelig sitzt im Luftschutzkeller und sinniert: „Wenn die Engländer uns schon wollen schenken ein Land, das ihnen nicht gehört, warum dann nicht besser die Schweiz?“ (30)

Tatsächlich hilft das Lachen dabei, Unannehmlichkeiten besser zu ertragen. Es gilt, sich selbst und die Umstände nicht so wichtig zu nehmen, drüber zu stehen, die Ruhe zu bewahren, ja, drüber zu lachen. Das ist die biblische Form von Geduld.

Das deutsche Dulden hängt mit dem lateinischen Begriff des Leidens zusammen. Da schwingt eine andere Emotion mit. Wenn man eigene Ressourcen schonen will, ist Humor viel günstiger als Wut oder Bedrückung, Enge.

Dem Bedeutungswandel nachspüren

Der Shift der Bedeutung vollzog sich wohl schon vom Griechischen zum Latein und das deutsche Dulden ist eine Übersetzung des Lateinischen, s. a. Patient.

Neue Übersetzungen

- Jak 1, 3: *Wisst, dass euer Glaube eine frohe Gelassenheit bewirkt.*
- Lk 8, 15: *Das auf gutem Land sind die, die das Wort hören (*die Intelligenz verstehen*) und es in einem feinen, guten Herzen behalten und Frucht bringen in heiterer Gelassenheit (*ohne sich groß aufzuspielen*).*
- 2. Tim 3, 10: *Du bist mir gefolgt in der Lehre, in der Lebensführung (7), in der Außendarstellung, im Glauben, in der Großzügigkeit, in der Liebe und darin, die Ruhe zu bewahren.*

Gott loben, braucht er das wie ein Schüler?

Heutige Bedeutung

Loben ist ein probates Mittel, um Schüler, Geschäftspartner etc. zu motivieren, gute Mitarbeiter, Partner zu halten, gute Atmosphäre zu stiften usw.

Wer nicht gelobt wird, hat bald den Eindruck, am falschen Ort zu sein: „Keiner sieht meine Leistung, keiner hat auch nur eine Ahnung davon, wie fleißig, genial, zuvorkommend o. ä. ich agiere!"

Lob kommt in der Regel von oben. Von unten kommt der Dank.

Bedeutung in den Ursprachen

1. Hebräisch: שׁבח schewech: *loben, anerkennen, rühmen*
2. Griechisch:
   a αινειν, επαινειν ep-ainein: *zustimmen, „bei" jemand sein*
   b δοξαζειν doxazein: *preisen* (s. a. Herrlichkeit)
3. Latein: laudare: *loben, rühmen,* aber auch *die Vorzüge sehen, danken*
4. Deutsch: loben: Mittelhochdeutsch für *lieb halten* (s. a. Verlob-ung) (21)

Wenn es nicht auch ein ungebräuchliches Wort wäre, käme fast an allen Stellen der Bibel das Rühmen dem Loben am nächsten.

Im 2. Korintherbrief ist von Eigenlob die Rede. Bei Menschen passt die Übersetzung *Lob* oft gut.

Dem Bedeutungswandel nachspüren

Luther hatte wohl im Hinterkopf: „Ich halte dich für lieb, ich will mich an dich binden!", wenn er von Gott loben sprach. Es geht beim „Lob Gottes" aber auch um Anerkenntnis seiner Autorität, um Dank und auch – vielleicht die wichtigste – Übereinstimmung mit seinem Willen. „Ich lobe Gott" kann man heute am ehesten Neudeutsch übersetzen mit: „Ich bin ganz bei dir!“ (s. a. ge-loben = glauben).

Neue Übersetzungen

- Ps 111, 10b: *Sein Ruhm überdauert alle Zeitalter.*
- Lk 2, 13: *Die Engel waren ganz bei Gott, als sie sagten: Gloria in excelsis deo.*
- Lk 2, 10: *Die Hirten kehrten zurück, priesen Gott, dankten ihm von Herzen für alles, was sie gehört und gesehen hatten.*

Wiedergeburt geht nicht, sagt schon Nikodemus!

Heutige Bedeutung

Der christlich unvoreingenommene Betrachter erblickt im Begriff Wiedergeburt ein Kennzeichen fernöstlicher Religionen. Dafür gibt es im Griechischen und in Latein auch ein Wort: Griechisch: Παλιγ–γενεσις, palin-genesis; Latein: re-incarnatio. Das hat mit Wiedergeburt im christlichen Sinn zunächst nichts zu tun.

Bedeutung in den Ursprachen

1. Griechisch:
   a αναγεννεσις, ana-gennesis: weniger *wieder-* als *hinauf-Zeugung*
   b γεννησθη ανωθεν gennesthe anothen: *von oben gezeugt*
2. Latein: natus denuo (denovo): *von neuem geboren*
3. Deutsch: Wiedergeburt ist im Mittelhochdeutsch gleichbedeutend mit *Weitergeburt.*

Jesus entkräftet das in der Überschrift angedeutete Argument des Nikodemus, indem er sagt: „Es geht nicht um ein Wieder im Sinn von zurück, sondern um ein Weiter und zwar um eine Geburt aus Wasser (wir nennen das „Auftauchen“ aus dem Wasser Taufe) und Geist (Öffnung des Herzens [s. o.] für den Hl. Geist)!“

Wiedergeburt nach Joh 3 ist ein zentrales Thema in einigen Freikirchen und qualifiziert dort Christen. Petrus sieht das etwas allgemeiner: *Gelobt sei Gott, der Vater unseres Herrn Jesus Christus, der uns nach seiner großen Barmherzigkeit wiedergeboren (*-gezeugt, -geboren würde im Barm-Bild bleiben*) hat zu einer lebendigen Hoffnung durch die Auferstehung Jesu Christi von den Toten.* (1. Petrus 1, 3)

Dieser Satz hat seine Entsprechung im Satz Jesu aus Joh 16, 7: *Wenn ich gehe, werde ich den Hl. Geist als Tröster* (παρακλητος = Fürsprecher, Helfer, Mann an der Seite) *zu euch senden.* Das hat wenig mit einer aktiven Handlung des Menschen zu tun. Man kann seinen „Anwalt“ allerdings aktiv demittieren, wegschicken.

Dem Bedeutungswandel nachspüren

Luther mag bei der Übersetzung Wiedergeburt die Weitergeburt im Sinn gehabt haben.

Neue Übersetzungen

- 1. Petr 1, 23: … *wiedergezeugt, wiedergeboren … durch das Leben schaffende und erhaltende Wort (*Intelligenz*) Gottes.*
- Aber: Mt 19, 28: *In einem zukünftigen Zeitalter werden sich die zwölf Jünger nach der Wiedergeburt (*Palingenesis*) neben Jesus auf zwölf Throne setzen.*

Gott will den Weltfrieden!

Heutige Bedeutung

Frieden ist ein wichtiges Ziel aller Regime und ein Grundbedürfnis aller Menschen (22). Die Aussicht auf Frieden beruhigt auch in totalitären Staaten die Bevölkerung. Frieden scheint eine

Schnittmenge zwischen Kirche und Gesellschaft zu sein. Aber ist wirklich derselbe Friede gemeint?

Bedeutung in den Ursprachen

1. Hebräisch: שלום shalom: *Friede, Unversehrtheit, Wohl, Gedeihen, Freundlichkeit, Heil* (17), *ungetrübtes Verhältnis zu Gott, Sicherheit, Zufriedenheit*
2. Griechisch: Ειρηνη Eirene: *Friede*, das ist eine griechische Göttin, oft mit dem Kind Πλυτος Plutos abgebildet, das für *Reichtum* steht.
3. Latein: pax: *Friede zwischen Völkern*, meist durch einen Pakt besiegelt
4. Deutsch: Der Begriff ist etymologisch verwandt mit *Freude, Freund, Freiheit* (s. freedom) und Zu-frieden-heit. Kennzeichen von Unfrieden sind Furcht, innere Unruhe, Unzufriedenheit.

Der hebräische Shalom, der eigentlich christliche Anspruch an Frieden, umfasst neben Sicherheit, Gesundheit und Wohlstand die intakte Beziehung zu Gott.

Der Gruß „Friede sei mit dir!“ („Shalom Alechem“ in Israel) hat genau diesen Shalom im Blick. In diesem Wort vereinigt sich das „Fürchte dich nicht, fürchtet euch nicht“, mit dem die Engel im Neuen Testament ihre Ausführungen einzuleiten pflegten, mit einem in die Zukunft gerichteten Segen.

Dem Bedeutungswandel nachspüren

Den Frieden als Abwesenheit von Krieg zu definieren kommt aus dem lateinischen Verständnis. Dabei waren die Pakte, die die Römer mit den besiegten Völkern schlossen, meist nur für eine Seite zufriedenstellend. Für diesen Frieden kämpft die weltliche Friedensbewegung?

Neue Übersetzungen

- Ps 4, 9: *In Frieden (*ungetrennter Gemeinschaft mit Gott*) liege ich und schlafe, denn nur du, Herr, hilfst mir sicher zu wohnen.*
- Rö 16, 20: *Der Gott des Friedens wird zusammentreten den Satan unter euren Füßen in Kürze.* Der Gott des Friedens ist dem Satan gegenüber nicht friedlich.
- Lk 2, 29: Simeon: *Nun lässt du deinen Diener zufrieden (*nach der Erfüllung einer Prophetie*) fahren.*

Sorge ist unchristlich! s. Bergpredigt ...

Heutige Bedeutung

Sorge ist nicht unmodern geworden. Wir sorgen uns um Menschen, Freiheiten, Umwelt, Finanzen, Möglichkeiten, Corona u. v. m. Die Sorge auf den Herrn zu werfen, etwa nach Mt 6, 25 ist weniger geläufig. Heute verlässt man sich mehr auf Demonstrationen, Anklagen, Internetappelle.

Bedeutung in den Ursprachen

1. Hebräisch:
   a. הגאד dagah: *besorgt sein, Angst*
   b. הכאד dawah: *Verzagen*
2. Griechisch: μεριμνα, μεριμνημα: merimna, meri-mnema: *Zwiespalt zwischen Hoffen und Bangen*
3. Latein: curare: *ver-sorgen, für (jemanden) sorgen*
4. Deutsch: Sorgen sind im Plural *quälende Gedanken*, Sorge im Singular geht mehr in Richtung *Fürsorge, versorgen, Vorsorge.*

Der Plural von Sorgen, das Verzagen, die Angst lässt nicht schlafen in Hoffen und Bangen. Solche Sorgen sind gemeint in Mt 6, 25: *Alle eure Sorgen werft auf den Herrn.* Der wird euch Impulse aus seiner Weisheit geben oder sich selbst um das Anliegen kümmern. Die Sorge im Singular, die Fürsorge, die Sorge im Sinn von curare (*kurieren*), Barm-herzigkeit (s. o.) ist uns aufgetragen. Wir dürfen uns um andere Menschen kümmern.

Dem Bedeutungswandel nachspüren

Einen Bedeutungswandel gibt es nicht. Sorgen gehen nach wie vor mit Hoffen und Bangen, Angst und Verzagen einher.

Man darf sich fragen, wie effektiv die Alternativen zu Mt 6, 25 sind.

Neue Übersetzungen

- 2. Kor 11, 28: … *ich trage Fürsorge für alle Gemeinden.*
- 1. Petr 5, 7: … *alle eure Sorgen, Ängste werft auf den Herrn.*
- Spr 12, 25*: Sorgen im Herzen bedrücken den Menschen. Aber ein freundliches Wort erfreut.*

Kirche biblisch betrachtet

Heutige Bedeutung

Mit Kirche wird heute ein Gebäude, eine christliche Gemeinde und der Zusammenschluss mehrerer Gemeinden, etwa zu einer Landes- oder Welt-Kirche, bezeichnet.

Bedeutung in den Ursprachen

1. Hebräisch: קהל Kahal: *von Gott auserwählte Schar von Gläubigen*
2. Griechisch: εκκλησια Ekklesia: *Schar der Herausgerufenen, Berufenen*

3. Latein: aedes sacra: *heiliger Raum*, templum: *Tempel*, Ekklesia; communis: *gemeinsam*
4. Deutsch: Kirche von Griechisch κυρι(α)κον zum Herrn Κυριος Kyrios gehörig,

In die ersten Gemeinden kamen Menschen, die aus dem üblichen Umfeld (Judentum, Heidentum) herausgerufen (ek-klesia) waren und sich versammelt hatten. Die Teilnehmer waren meist von anderen Menschen angesprochen worden, aber letztlich von Gott berufen.

Nicht nur U. Schlappa (33) betont, dass Christen Menschen sind, die von Gott herausgerufen sind aus der Menge der Menschen, um die Liebe Gottes bekannt zu machen. Kirche gehört dem Herrn, aber mit den Menschen, die er herausgerufen hat, will Gott sein Reich (s. u.) im Diesseits bauen.

Dem Bedeutungswandel nachspüren

Der Außenaspekt der Herausgerufenen ist ein Gebäude, eine Institution.

Neue Übersetzungen

In der Bibel ist nicht von Kirche die Rede, nur von Gemeinde.

- 2. Mo 12, 19: *Wer gesäuertes Brot am Passahfest isst, soll herausgenommen werden aus der von Gott ausgewählten Schar von Gläubigen Israels* (34).
- Apg 12, 5: *Petrus wurde im Gefängnis gehalten, aber die Schar der Herausgerufenen betete unablässig* (und mit viel Erfolg) *für ihn.*
- Hebr 12, 23: *Ihr seid gekommen nach Zion … zu vielen tausend Engeln … und zur Schar/Versammlung der Erstgebornen (*in Wasser und Geist*).*

Der Teufel ist stets zu fürchten?

Heutige Bedeutung

Den Teufel gibt es gar nicht. Wir brauchen deshalb auch keine Angst haben.

Also: Nein zur Überschrift.

Bedeutung in den Ursprachen

1. Hebräisch: שטן Satan: *Gegner, Ankläger*
2. Griechisch: διαβολος Diabolos: *Durcheinanderwerfer, Verleumder*
3. Latein: Diabolus
4. Deutsch: wohl nicht von Theophil (*Freund Gottes*), sondern auch von Dia-bolus

Wichtig ist es zu wissen, dass der Teufel nicht beliebig agiert. In Mt 4, 1–11 ist beschrieben, wie der Teufel „Jesus, aber auch uns versucht" (vom Weg mit Gott abzubringen):

a. über Grundbedürfnisse wie Hunger, Sexualität, Wärme, Bequemlichkeit
b. über Häresien (αιρεσις Anschauung: *Falschauslegungen der Bibel*)
c. über Aussicht auf Geld und/oder Macht

Erst wenn wir in einem Bereich den Weg mit Gott aktiv verlassen haben, kann der Teufel uns auf diesem falschen Weg festhalten, indem er unsere christlichen, aber auch staatlichen Wertvorstellungen durcheinander wirbelt (Dia-bolus). Wir meinen, es sei normal, richtig oder zumindest ausweglos, wenn wir auf der falschen Fährte sind, auch dann, wenn es mühselig wird (Sucht, kriminelle Verstrickungen, Geldmangel bei Spielsucht usw.). Wir sind dann geblendet, s. a. Joh 8, 12; Joh 8, 43 (beides. s. u.). Der Teufel hat Dämonen, wie Gott Engel hat. Auch die Dämonen agieren nach einem strengen Muster und sind nicht einfallsreich.

Weil der Teufel heute seine Macht verloren hat, können wir jederzeit umkehren zu Gott und seinen guten Wegen mit uns. An der Hand Gottes können wir den entstandenen Schaden reduzieren.

Hiob musste leiden, obwohl er Gott in allem recht war. Das ist eine Begebenheit aus einem anderen göttlichen Zeitalter. Damals war der Teufel noch ein Engel und lebte im Herrschaftsbereich Gottes.

Wir werden krank. Dieses Kranksein gehört ebenso wie Unfälle u.ä. zur Diesseitigkeit, zu unserer Endlichkeit und bereitet uns auf das Sterben vor. Es ist nicht so, dass Gott uns mit Krankheit straft, krank wird jeder Mensch, jeder Mensch stirbt. Wir dürfen Gott unser Leid klagen und ihn bitten, diese Phase erträglich zu gestalten oder uns zu heilen. Gott diese Krankheit vorzuwerfen, ist allerdings nicht möglich. Über Gott zu richten, steht uns nicht an. Leider sind wir z.B. in der Krankheit vielleicht offen für o.a. Häresien, aus denen wir nur durch Jesus wieder herauskommen.

Jesus hat Macht über Dämonen, die uns halten. Wir können ihn bitten, uns von ihnen zu befreien. Ich glaube nicht, dass man Dämonen mit einer finsteren Miene und mit Bosheit „austreiben" kann. Das ist m.E. auch eine Häresie.

Dem Bedeutungswandel nachspüren

Viele Menschen sind verblendet. Deshalb meint vielleicht eine Mehrheit, es gibt keinen Teufel.

Neue Übersetzungen

- Mt 13, 38–39: *Der Acker ist die Erde. Der gute Same sind die Kinder des Herrschaftsgebiets Gottes und das Unkraut sind die Kinder der Mühsal, des Bösen. Der Gegner Gottes hat es gesät.*
- Lk 8, 33: … (durch Jesus) *kamen die Dämonen aus dem Mann heraus und gingen hinein in die Schweine.*
- Joh 8, 43–44: *Warum hört ihr nicht auf mich? Weil ihr mein Wort nicht verstehen könnt. Ihr habt den Durcheinanderbringer zum Vater und nach dessen Willen handelt ihr.*

Das Reich Gottes ist im Weltall nicht zu finden (34)

Heutige Bedeutung

Das Deutsche Reich gibt es nicht mehr, wohl Frankreich und Österreich. Dennoch ist der Name Reich für ein Herrschaftsgebiet sehr ungebräuchlich geworden.

Bedeutung in den Ursprachen

1. Hebräisch: מַלְכוּת malchut: *Königsherrschaft* (מלך *König*), *Regierungszeit, Macht*
2. Griechisch: βασιλεια Basileia: *Königreich, Königtum* (βασιλευς *König*)
3. Latein: regnum: *Königreich, Einflussbereich, Regime, Machtbereich*
4. Deutsch: Reich: *Herrschaftsbereich, Gebiet, in dem jemand regiert*

Gott regiert in seinem Machtbereich. Dieser Bereich ist die Welt ohne Zeit und Raum, in der er zuhause ist, und die Welt in Menschen auf der Erde, die seinen Herrschaftsanspruch anerkennen. Jesus hat in Wort und Tat den Einfluss Gottes hineingetragen in dic von Gott abgewandte Welt. Über diese Zeichen des Machtbereichs Gottes hat man sich damals wie heute ge„wunder“t, aber wir verfügen nicht kraft eigener Willkür über seine Möglichkeiten.

Dem Bedeutungswandel nachspüren

Der Außenaspekt des Reich Gottes, das sich auf dieser Erde im Herzen von Menschen vollzieht, ist nicht sichtbar. Der Terminus „Himmelreich“ ist synonym mit Reich Gottes. Er wird von Matthäus verwendet, weil der den Namen Gottes nicht aussprechen will.

Neue Übersetzungen

- Joh 3, 3: *Wer nicht von oben geboren ist, kann die Macht Gottes nicht erkennen.*
- Lk 7, 28: *Keiner ist größer als Johannes (*der Täufer*), aber der kleinste im Machtbereich Gottes ist größer als er.*
- Mk 4, 30–32: *Durch welches Gleichnis wollen wir die Macht Gottes abbilden? Sie ist wie ein Senfkorn … letztlich treibt es große Zweige …*

Von Ewigkeit zu Ewigkeit, paradox?

Heutige Bedeutung

Zwei Ewigkeiten wäre zweimal unendlich, das ist paradox (para *neben*, Doxa *Meinung*).

Bedeutung in den Ursprachen

1. Hebräisch: עולם olam: *fernste Zeit (Vergangenheit oder Zukunft)* (38)
2. Griechisch: αιων Äon: *Zeitalter, Epoche* (3)
3. Latein: aeternum: *Unvergänglichkeit, Unsterblichkeit*
4. Deutsch: Ewigkeit von althochdeutsch ewa, gotisch. aiws *Jahrhundert, Zeitalter*

Die zeitliche Perspektive der Ewigkeit hat nur das Hebräische in Ansätzen. Ewigkeit muss eher übersetzt werden mit *Epoche*. „Von Ewigkeit zu Ewigkeit!“ würde bedeuten *etwas überdauert alle Epochen, Zeitalter.*

Es gab damals verschiedene Epochen: die der Perser, die der Griechen, die der Römer usw. In prophetischen Schriften ist von göttlichen Zeitaltern die Rede (3). In dieser Übertragung wäre der Terminus sinnvoll und eben nicht paradox. Ebenso wenig paradox wäre der Satz in unserer Zeit in Deutschland: Es gab die Ära des Kaiserreichs, die der Weimarer Republik, die des Dritten Reichs, die der DDR, die der BRD und die nach der Wiedervereinigung.

Der Satz „Die Herrlichkeit (besser die Bedeutung, das Wertsystem, s. dort) des Herrn bleibe von Ewigkeit zu Ewigkeit" bekäme Sinn: Zwar waren in Deutschland die Ansichten der Herrschenden zum christlichen Gott sehr unterschiedlich, aber die Bedeutung Gottes blieb gleich. In Deutschland behielten auch die Wertvorstellungen Gottes in jeder Ära ihre Gültigkeit. Hatte man in diesen Ären mit irgendwelchen Feinden Gottes kollaboriert, wurde das hinterher unangenehm. Hatte man sich an das Wertesystem Gottes gehalten, wurde man in jeder neuen Ära gern gesehen.

„Wer sich mit dem Zeitgeist verheiratet, ist bald Witwe." Søren Kierkegard

KAPITEL 2

NEUE ÜBERSETZUNGEN WICHTIGER BIBELSTELLEN

Gottes- und Nächstenliebe

Das Alte Testament trennt die Gottesliebe und die Nächstenliebe inhaltlich.

1. *Du sollst den Herrn, deinen Gott, liebhaben in der bewussten Einstellung, in der unbewussten Gefühlswelt mit ganzer Kraft* (mit hoher Intensität, Wirkung), 5. Mo 6, 5:
2. *An den Kindern deines Volkes sollst du dich nicht rächen und ihnen nichts nachtragen. Du sollst deinen Nächsten lieben wie dich selbst. Ich bin, der ich bin, nämlich dein Gott,* 3. Mo 19, 18. Dazu kommen alle Gebote, die mit anderen Menschen zu tun haben.

In 2. Mo 20, 2–17 gibt es Gebote der Gottesliebe, davon sind eigentlich 4 Gebote der Gottesliebe und 6 Gebote der Nächstenliebe.

Jesus setzt das Gebot der Nächstenliebe in den Kontext der Gottesliebe:

Mt 22, 37 f. und Lk 10, 27: *Du sollst Gott mit der bewussten Einstellung, der unbewussten Gefühlswelt, aller Kraft* (Intensität) *und deinem ganzen Verstand* (die 4. Qualität nur bei Lk 4 Qualitäten, im Alten Testament 3) lieben. Das ist das wichtigste und erste Gebot, das zweite folgt daraus (der Satz nur bei Mt): *Du sollst/wirst deinen Nächsten lieben wie dich selbst.* Mk 12, 29–31 hält allerdings beide Gebote für gleich wichtig.

In Mt kann man das Adjektiv ομοια homoia übersetzen mit *gleich* oder mit *das beinhaltet, daraus folgt*: (31, 36) Du wirst deinen Nächsten lieben wie dich selbst

Die Liebe zu Gott ist jedenfalls übergeordnet und wichtig, nach oben nicht begrenzt. Die Liebe zu deinem Nächsten soll so ausgeprägt sein wie die Liebe zur eigenen Person.

Man kann nicht wählen, Gott oder die Mitmenschen zu lieben. Eigenmächtige Liebe zu irgendwelchen Menschen gibt es in jeder Grundgesamtheit von Menschen. Liebe zu anderen Menschen kraft eigener Willkür ist also nichts, was Gott auffällt.

Die Nächstenliebe als Folge der Liebe zu Gott begeistert Gott. Tatsächlich eröffnet die Liebe zu Gott in uns eine andere Perspektive zum Nächsten, der genauso wie die eigene Person eine Kreatur Gottes ist. An der Nächstenliebe, Jesus sagt sogar an der Feindesliebe, kann Gott die Echtheit der Gottesliebe ablesen (ηχθρος echthros: *verhasst, feindlich*; in Nächstenliebe klingt mit: Empathie. Auch ein Feind oder ein ganz anders Denkender kann einmal nahe bei uns stehen.)

In vielen Begegnungen trifft man auf Menschen, die auf Themen abzielen, bei denen sie sich überlegen zeigen. Der Zuhörer kann mit solchen Menschen in der Regel nicht mithalten. Das baut die Redner auf, indem es die Zuhörer herabwürdigt. Wenn wir den anderen aus dem Blickwinkel Gottes sehen, kommt diese Dynamik so nicht vor. Wir sehen in ihm wie in uns das Gute und die Perspektive. Das baut auf und das schafft eine gute Atmosphäre.

Lied:
Liebe Gott als deinen Herren
mit dem Herzen, dem Verstand und mit aller deiner Kraft.
Liebe Gott als deinen Herren,
denn du kannst ihm jederzeit ganz vertraun.

Und weil Gott dich so liebt,
seine Sicht er dir gibt
kannst du sehn den andern auch so wie dich selbst.
Ob er freundlich zu dir ist,
ob du Höflichkeit vermisst,
er ist Kind deines Vaters wie du selbst.

Melodie: Zu deinem Thron, Herr, will ich gehen (40, S. 67)

Das Vater unser

Griechisch:

Πάτερ ἡμῶν ὁ ἐν τοῖς οὐρανοῖς·
Ἁγιασθήτω τὸ ὄνομά σου·
ἐλθέτω ἡ βασιλεία σου·
γενηθήτω τὸ θέλημά σου,
ὡς ἐν οὐρανῷ καὶ ἐπὶ γῆς·
Τὸν ἄρτον ἡμῶν τὸν ἐπιούσιον δὸς ἡμῖν σήμερον·
καὶ ἄφες ἡμῖν τὰ ὀφειλήματα ἡμῶν,
ὡς καὶ ἡμεῖς ἀφήκαμεν τοῖς ὀφειλέταις ἡμῶν·
καὶ μὴ εἰσενέγκῃς ἡμᾶς εἰς πειρασμόν,
ἀλλὰ ῥῦσαι ἡμᾶς ἀπὸ τοῦ πονηροῦ.
Ἀμήν.

Latein:

Pater noster, qui es in caelis:
sanctificetur nomen tuum.
Adveniat regnum tuum.
Fiat voluntas tua,
sicut in caelo, et in terra.
Panem nostrum supersubstantialem (cotidianum)
da nobis hodie.
Et dimitte nobis debita nostra,
sicut et nos dimittimus debitoribus nostris.
Et ne nos inducas in tentationem,
sed libera nos a malo.
Amen.

Übersetzung:
Unser Vater, du bist überall.
Dein Name soll geehrt werden. Du sollst regieren.
Dein Wille soll wie in deiner Welt auch auf die Erde wirksam werden.
Unser lebenswichtiges Brot gib uns an diesem Tag.
Erlasse uns unsere Schulden,
wie wir sie unseren Schuldnern erlassen haben.
Lass nicht zu, dass wir uns in Versuchungen verstricken,
sondern entreiße uns der Mühsal/dem Bösen.
Denn du regierst mit übermächtiger Weisheit über alle Epochen.
Amen, zu dieser Bitte stehen wir.

Lied zum „Vater unser" in dieser Übersetzung:
Gott, unser Vater, überall zugegen,
lass uns mit Freuden deinen Namen ehren.
Regiere hier, nicht nur in deinen Sphären,
schenk du uns Segen.

Dein Wille schuf schon alle deine Welten
und deine Engel haben mit ihm Frieden.

Lass ihn auf Erden noch viel mehr bewirken,
überall gelten.

Das, was wir brauchen, gib uns bitte heute.
Was wir dir schulden, magst du uns vergeben.
Wir hab'n vergeben, dass sie sollen leben,
unsere Leute.

In die Versuchung lass uns nicht verstricken,
hilf uns dabei, ihr froh zu widerstehen
und zu dem Bösen lass uns niemals gehen.
Du lässt das glücken.

Denn du regierst doch wirklich übermächtig
und deine Weisheit ist für uns das Leben.
Unsere Seele mag sie wohl erheben.
Herr, das gilt ewig.

Melodie: Lobet den Herren, alle, die ihn ehren

Der Aaronitische Segen

Luther:
Der Herr segne dich und behüte dich.
Der Herr lasse sein Angesicht leuchten über dir und sei dir gnädig.
Der Herr hebe sein Angesicht über dich und gebe dir Frieden.

Gute Nachricht:
Der Herr möge euch reich beschenken und euch beschützen.
Freundlich blicke er euch an und wende euch seine Liebe zu.
Er sei euch nahe und schenke euch Glück und Frieden.

Einheitsübersetzung:
Der Herr segne dich und behüte dich.
Der Herr lasse sein Angesicht leuchten über dir und sei dir gnädig.
Der Herr wende sein Angesicht dir zu und schenke dir Heil.

Martin Buber (jüdischer Philosoph):
Segne dich ER und bewahre dich.
Lichte ER sein Antlitz zu dir und sei dir günstig.
Hebe ER sein Antlitz dir zu und setze dir Frieden.

Bruns und Elberfelder:
Der HERR segne dich und behüte dich.
Der HERR lasse sein Angesicht über dir leuchten und sei dir gnädig.
Der HERR hebe sein Angesicht auf dich und gebe dir Frieden.

Hoffnung für alle:
Der Herr segne dich und bewahre dich.
Der Herr wende sich dir in Liebe zu und zeige dir sein Erbarmen.
Der Herr sei dir nah und gebe dir Frieden.

Basisbibel (39):
Der HERR segne dich und beschütze dich.
Der HERR lasse sein Angesicht über dir leuchten und sei dir gnädig.
Der HERR wende dir sein Angesicht zu und schenke dir Frieden.

Neue Übertragung:
Der Herr meine es gut mit dir und beschütze dich.
Der Herr schaue dich an und kümmere sich um dich.
Der Herr behalte dich im Blick und schenke dir Wohlergehen und Frieden mit ihm.

Septuaginta (32):
Εὐλογήσαι σε κύριος καὶ φυλάξαι σε
Der Herr segne dich und beschütze dich.
ἐπιφάναι κύριος τὸ πρόσωπον αὐτοῦ ἐπὶ σὲ καὶ ἐλεήσαι σε
Der Herr lasse sein Gesicht über dir leuchten und erbarme sich deiner.
ἐπάραι κύριος τὸ πρόσωπον αὐτοῦ ἐπὶ σὲ καὶ δῴη σοι εἰρήνην.
Der Herr wende sein Gesicht helfend auf dich und gebe dir Frieden.

Vulgata (19)
Benedicat tibi Dominus et custodiat te.
Der Herr segne dich und bewahre dich.
Ostendat Dominus faciem suam tibi et misereatur tui.
Der Herr zeige dir sein Gesicht und erbarme sich deiner.
Convertat Dominus vultum suum ad te et det tibi pacem
Der Herr helle seine Miene zu dir auf und gebe dir Frieden.

Hebräisch (32, 20):

יְבָרֶכְךָ יְהוָה וְיִשְׁמְרֶךָ
Er segne dich und bewahre dich,
אֵר יְהוָה פָּנָיו אֵלֶיךָי
Er offenbare sein Gesicht dir gegenüber,
וִיחֻנֶּךָּ
und sei dir günstig.
יִשָּׂא יְהוָה פָּנָיו אֵלֶיךָ
Er hebe sein Gesicht dir zu
וְיָשֵׂם לְךָ שָׁלוֹם
und setze dir Frieden.

Lied:

Gott, der Herr, meint es gut mit dir
und er mag dich mächtig beschützen.
Gott, der Herr, schau dich freundlich an.
Er behalte dich gern in seinem Blick.
Und er schenke dir Wohlergehen,
Freude, Frieden und Sicherheit.
Ja, er mag dich gütig ansehn,
dich segnen in seiner Liebe.

Melodie: greensleeves

Die Ich bin-Worte Jesu

Gott hat eigentlich keinen Namen. Er will nicht als Person oder Gott ähnlich rangig neben anderen Personen, Göttern stehen. Deshalb sagt er von sich „ich bin eben, der ich bin“ und das klingt im Hebräischen wie Jahwe.

Unter dem Namen Jesus (יהושע Je(ho)schua) erscheint Gott auf der Erde. Nach Mt 1, 21 bezeichnet dieser Name die Eigenschaft, dass „er das Volk aus der Trennung von Gott retten“ will. Im Evangelium des Apostels Johannes gibt Jesus unter dem Oberbegriff „ich bin“ weitere Details dieses Vorhabens preis. Fast alle Ich bin-Worte Jesu weisen auch auf das Abendmahl hin:

1. 6, 35/48: *Ich bin das Brot des Lebens; wer zu mir kommt, wird nicht mehr hungern, und wer an mich glaubt, wird nicht mehr Durst haben.*
   Αρτος Artos: *Brot* steht für *Speise, Versorgung.* Diese Aussage korrespondiert mit der Bitte aus dem Vater unser: Wer sich für Jesus öffnet und an ihn in den oben beschriebenen Dimensionen glaubt, wird versorgt.
   Natürlich weist das Wort hin auf das Abendmahl: *Das ist mein Leib, für euch gegeben!*

2. 8, 12: *Ich bin das Licht der Welt. Wer mir nachfolgt, wird nicht in der Finsternis umhergehen, sondern wird das Licht des Lebens haben.*
   Φψς Licht ist *Orientierung, Hoffnung, Lebensglück.*
   ακολουθια *Nachfolge* ist *Folge leisten, Verständnis haben.* Σκοτια *Schatten, Finsternis* ist *Verblendung*, περιπατειν *umhergehen* heißt auch *wandeln, leben.*
   Bedeutung des Satzes:
   Jesus sagt: „Ich sorge für Orientierung in dieser Welt, wer mir Folge leistet, wird nicht in der Verblendung (s. a. Teufel) leben.“

3. 10, 9: *Ich bin die Tür; wer durch mich hineingeht, wird gerettet werden; er wird ein- und ausgehen und Weide finden.*
   Es ist von Schafen die Rede. Der Gen. Plural προβατων probaton, *der Schafe* in Joh 10, 7 unterscheidet nicht, ob Jesus die Tür zu den oder für die Schafe ist.

Sofort fällt dem Jerusalem-Kenner ein, dass es im Norden von Jerusalem, beim Tempel ein Schafstor gibt. Durch dieses Schafstor wurden die Tiere getrieben, die im Tempel geopfert werden sollten. Der Gang durch das Tor war für die Tiere fatal. Jesus stellt sich als Tür vor, die eben nicht nur in eine Richtung begangen werden kann. Die Tür trennt das Private vom Öffentlichen. Im jüdischen Tempel trennte sie das Heilige vom Profanen (Deutsch: *vor dem Tempel*). Jesus ist die Tür, die es erlaubt, sich mal im Heiligen und mal im Profanen aufzuhalten.

Προβατον wird üblicherweise mit *Schaf* übersetzt, heißt aber eigentlich: *das voran Schreitende* und meint nicht nur das einzelne Schaf, sondern auch die Herde, vielleicht auch Menschen, die voranschreiten. Deren Fortschritt ist von Christus gesegnet, wenn sie durch die Tür gehen, die er ihnen öffnet.

4. 10, 11: *Ich bin der gute Hirte. Der gute Hirte gibt sein Leben hin für die Schafe.*
   Ποιμην poimen heißt *der Hirte*. Das Wort bedeutet auch *Leiter*. Pastor, das lateinische Wort dafür, bezeichnet mehr den, *der (evtl. auch geistliches) Futter gibt.* Wenn man die Schafe wieder mit *Menschen* übersetzt, die voranschreiten, brauchen die einen Leiter und einen (geistlichen) Ernährer. Der Nachsatz spielt an auf das stellvertretende Sterben Jesu und auf das Abendmahl.

5. 11, 25 f: *Ich bin die Auferstehung und das Leben. Wer an mich glaubt, wird leben,*
   auch wenn er stirbt, und jeder, der lebt und an mich glaubt, wird auf ewig nicht sterben.
   Αναστασις Ana-stasis heißt *Auferstehung, Errichtung*. Die Auferstehung Jesu ist gleichzeitig die Errichtung einer neuen Beziehung zu Gott. Jeder, der an Jesus glaubt, wird in die neue Beziehung zu Gott (ewig: für neuer Äon) hinein leben, auch wenn er im Diesseits stirbt. Das Neue an der „Institution" Auferstehung ist, dass die Beziehung zu Gott über den irdischen Tod hinaus geht.

6. 14, 6: *Ich bin der Weg und die Wahrheit und das Leben; niemand kommt zum Vater außer durch mich.*
   Jesus sagt von sich: „Ich bin der Weg (zur Wirklichkeit Gottes) und die Wahrheit (Wirklichkeit Gottes) und das Leben (in ihr). Niemand kommt zu Gott, der nicht zu mir gehört, mir glaubt (in den im Thema Glauben beschriebenen Dimensionen).
   Weil Jesus mit seinem ganzen Wesen für die Wirklichkeit Gottes eintritt, könnte man aus diesem Satz heraus αλεθεια aletheia auch mit *Authentizität* übersetzen.
   Man könnte zugespitzt – wie bei etwa bei λογος Logos – sagen: Jesus repräsentiert, ist die Wirklichkeit Gottes. Und die ist beim Abendmahl anwesend.

7. 15, 1+5: *Ich bin der wahre Weinstock, und mein Vater ist der Weingärtner. Ihr seid die Reben. Wer an mir bleibt und ich an ihm, trägt viel Frucht. Ohne mich könnt ihr nichts tun.*
   Jesus sagt: Ich bin der richtige αμπελος ampelos *Weinstock*, mein Vater ist der γεωργος georgos *Erdarbeiter*, der den Boden für alles bereitet. Ihr seid die κληματα klemata *Zweige* (Reben sind eigentlich die Frucht). Wenn ihr an mir bleibt (Abendmahl, Hl. Geist, Weisheit), tragt ihr viel Frucht. Ein abgeschnittener Zweig kann keine Frucht tragen.

Lied:
Haben wir den Durchblick nicht
in der Welt Getriebe:
Jesus ist für uns das Licht,
Klarheit gibt er in Liebe.

Refr.:
Durch seinen Geist will der Herr gerne leiten uns,
um uns zu stärken in Liebe gibt er sich in Brot und
Wein hin.

Wenn uns still der Mangel quält
und wir müssen darben:
Jesus sich als Brot hinhält,
dran wir Genüge haben.

Auch wenn uns die Kraft verlässt
und der Geist entschwindet:
Jesus unser Weinstock ist,
der für uns Wasser findet.

Haben wir den rechten Weg
wieder mal verloren:
Jesus holt uns gern zurück,
als guter Hirt geboren.

Glauben wir, die Tür ist zu,
Gott ist uns entschwunden:
Jesus kommt dann gern dazu,
Tür ist er unumwunden.

Zweifeln wir an Gottes Welt
und an seinem Segen:
Jesus uns den Weg vorhält,
hilft uns darin zu leben.

Selbst im Sterben ist zu seh'n,
dass wir nicht allein sind:
Jesus lässt uns aufersteh'n,
weil er das Leben einnimmt.

Melodie: Bäume, gepflanzt am lebend'gen Wasser (40, S. 56)

Agapefeier nach den 7 Ich bin-Worten

Der Herr lädt uns zu einem Festmahl ein.

In diesem Festmahl kommt er uns nahe und gibt uns Einblick in sein Wesen und seine Bedeutung für uns.

Gott hat keinen Namen. Er sagt einfach: „Ich bin, der ich bin, einzigartig!", das heißt auf Hebräisch in etwa Jahwe. Unter dem Namen Jesus (יהושע Je(ho)schua) erscheint Gott auf der Erde. Nach Mt 1, 21 bezeichnet dieser Name die Eigenschaft, dass „er das Volk aus der Trennung von Gott retten" will.

Er offenbart sich u. a. mit 7 Ich-bin-Worten. Wir sind sieben. Für jeden von uns gibt es ein Ich bin-Wort. Beim Verlesen und Vertiefen dieser Worte wollen wir ein kleines Festmahl feiern.

1. Joh 10, 11: *Ich bin der gute Hirte. Der gute Hirte gibt sein Leben hin für die Schafe.*
   Poimen heißt *der Hirte*. Das Wort bedeutet auch *Leiter*. Pastor, das lateinische Wort für Hirte, bezeichnet *den, der geistliches Futter gibt*. Wenn man Schafe als Menschen versteht, die voranschreiten, brauchen die einen Leiter und einen geistlichen Ernährer: Jesus.
   Ps 23

2. Joh 8, 12: *Ich bin das Licht in der Welt. Wer mir nachfolgt, wird nicht in der Finsternis umhergehen, sondern wird das Licht des Lebens haben.*
   Kerze anzünden
   Licht ist Orientierung, Hoffnung, Lebensglück.
   Nachfolge ist Folge leisten, Verständnis haben.
   Schatten, Finsternis ist Verblendung, getrennt Sein von Gott.
   Umhergehen heißt auch wandeln, leben.
   Jesus sagt: „Ich sorge für Orientierung in dieser Welt, wer sich an mich hält, wird mit Gott und seiner ewigen Welt in Verbindung sein."
   1. Joh 1, 5–7

3. Joh 14, 6: *Ich bin der Weg und die Wahrheit und das Leben; niemand kommt zum Vater außer durch mich.*
   Jesus sagt von sich: „Ich bin der Weg (zur Wirklichkeit Gottes) und die Wahrheit (Wirklichkeit Gottes) und das Leben (in ihr). Niemand kommt zu Gott, der nicht zu mir gehört, mir vertraut." Jesus repräsentiert, ist die Wirklichkeit Gottes.
   Becher verteilen
   1. Tim 2, 2b–6

4. Joh 6, 35/48: *Ich bin das Brot des Lebens; wer zu mir kommt, wird nicht mehr hungern, und wer an mich glaubt, wird keinen Durst mehr haben.*
   Brot brechen, verteilen.
   Brot steht für Speise, Versorgung. Diese Aussage korrespondiert mit der Bitte aus dem Vater unser: Wer sich für Jesus öffnet und an ihn in den beschriebenen Dimensionen glaubt, wird versorgt.
   Mt 14 13–21

5. Joh 15, 1+5: *Ich bin der wahre Weinstock, und mein Vater ist der Weingärtner. Ihr seid die Zweige. Wer an mir bleibt und ich an ihm, trägt viel Frucht. Ohne mich könnt ihr nichts tun.*
   Wie auch immer, ein abgeschnittener Zweig kann keine Frucht tragen.
   Wein öffnen und einschenken.
   Jes 25, 6–7

6. Joh 11, 25 f: *Ich bin die Auferstehung und das Leben. Wer an mich glaubt, wird leben, auch wenn er stirbt, und jeder, der lebt und an mich glaubt, wird auf ewig nicht sterben.*
   Ana-stasis heißt *Auferstehung, Errichtung.* Die Auferstehung Jesu ist gleichzeitig die Errichtung einer neuen Beziehung zu Gott. Jeder, der an Jesus glaubt, wird in eine neue Epoche der Beziehung zu Gott hinein leben.
   Joh 14, 1–3

7. 10, 9: *Ich bin die Tür; wer durch mich hineingeht, wird gerettet werden; er wird ein- und ausgehen und Weide finden.*

Der Text unterscheidet nicht, ob Jesus die Tür zu den oder für die Schafe ist.

Jesus stellt sich als Tür vor, die nicht nur in einer Richtung begangen werden kann.

Jesus ist die Tür, die es erlaubt, sich mal im Heiligen und mal im Profanen, weltlichen Geschäft aufzuhalten.

Probaton wird üblicherweise mit *Schaf* übersetzt, heißt aber eigentlich:

das voran Schreitende und meint nicht nur Schafe, sondern auch Menschen, die voranschreiten. Deren Fortschreiten ist von Christus gesegnet, wenn sie immer wieder durch die Tür gehen, die er ihnen öffnet.

Joh 10, 10b

Vater unser

Segen

KAPITEL 3

NAMEN IN DER BIBEL

Namen in der Bibel haben oft eine Bedeutung. So Isaak. Als Engel kamen und die Geburt Isaaks ankündigten, 1. Mo 17, 16, musste die schon etwas betagte Sarai lachen. Sie hielt eine Schwangerschaft nicht mehr für möglich. Aber Isaak erblickte doch 9 Monate später das Licht der Welt. Sein Name klingt ungefähr wie: (Gott sagt) „wer zuletzt lacht, lacht am besten."

Auch eine חננה Hannah, die Frau eines Hohenpriesters, hat erst nach langem Beten einen Sohn bekommen. Sie nannte ihn שׁמואל Samuel: *Gott hat erhört.*

Ganz anders in 1. Chr 4, 9: Da nannte eine Mutter ihr Kind Jabez, *denn sie hatte ihn unter Schmerzen geboren.* Mit diesem Namen war Jabez aber nicht glücklich. Er bat Gott um Segen, „um das Gebiet zu erweitern", um ihn in seinem Geschick nicht auf Geburtswehen zu reduzieren. (Vers 10)

In der Bibel gibt es mindestens 5 Gestalten, die im Laufe ihres Lebens ihren Namen ändern. In der Regel ändert sich mit der Änderung des Namens auch der Auftrag. Sehen wir uns die Gestalten an:

1. Abram wird zu Abraham
   אברם Abram (*der Vater ist erhaben*) hatte keine Kinder. In 1. Mo 17, 4 sagt Gott: *„Ich habe einen Bund mit dir: Du sollst ein Vater vieler Völker werden. Darum sollst du nicht mehr Abram heißen, sondern* אברהם *Abraham soll dein Name sein."* Tatsächlich bekommt er von seiner Frau Sarah den Isaak. Von הגר Hagar (*die Fremde*) bekommt er ישמעאל Ismael (*Gott erhört*), den Stammvater der Araber und einen Vorfahren Mohammeds. Das Verhältnis zwischen Sarah und Hagar wurde kompliziert.

2. Sarai wird zu Sarah
   In 1. Mo 17, 15 sagt Gott auch, dass ירשׂ Sarai (wohl mehr *die streitbare Edle*) zu הרי Sarah (*Fürstin des Herzens*) wird.

3. Jakob wird Israel
   יעקוב Jakob (in etwa *Fersenhalter*, weil er den erstgeborenen Esau angeblich an der Ferse hielt. Aber auch: *Gott wird schützen*). Jakob kam zurück von Laban, dem Vater seiner Frauen Lea und Rahel, und hatte diese Frauen, 11 Söhne und viele Tiere bei sich. Nun sollte er in sein Land kommen, aber das fand sein Bruder Esau offenbar nicht gut und zog mit 400 Mann gegen ihn. So kam Jakob an den Jabbok, einen Fluss, der in den Jordan mündete. Alle Frauen und Kinder brachte er über den Fluss und blieb allein zurück. Dann kämpfte er mit Gott und „erzwang" letztlich einen Segen Gottes, den Segen des Vaters Isaak hatte er sich schon erschlichen. Gott segnete Jakob tatsächlich und sagte 1. Mo 32, 29: „*Du sollst* ישׂרל *Israel heißen, denn du hast mit Gott und Menschen gekämpft und hast gewonnen*". Israel heißt auf Deutsch: *Gott möge für uns streiten* oder auch *Verstand, der Gott sieht.*

4. Simon wird Petrus
   שׁמעוֹנ Simon (*Gott hat gehört*) war ein Fischer. Er wurde durch ein Fischfangwunder von Jesus überzeugt, Jünger zu werden, Lk 5. Jesus prophezeit ihm schon in Joh 1, 42: *Du wirst einst Kephas (Petrus, Petros, Stein, Felsen) heißen,* und in Mt 16, 8: *Du bist Kephas, auf diesen Felsen will ich meine Gemeinde bauen.* Aber sonst spricht er den Jünger immer mit Simon an. Erst der Apostel – nach Joh. 22 – heißt Petrus, v. a. in der Apostelgeschichte.

5. Saulus wird zum Paulus (35)
   Saul war der erste König von Israel. שׁאול *Der Erbetene, der Gefragte, der Erhabene.* Saul hat Ähnlichkeit mit Samuel (s. o.), vielleicht waren seine Eltern ebenso fromme Leute wie Hannah. Saulus ist die lateinische Form für Saul. In Apg 9, 3–29 wird beschrieben, wie aus einem Christenverfolger ein (verspäteter)

Apostel wird. Der Name Παυλος Paulus (*der Kleine*) taucht erst in Zypern am Beginn der ersten Missionsreise auf. Natürlich hatte sich der Auftrag geändert. Vom „erhabenen“ Christenverfolger war ein „kleiner“ (was die eigenen Kräfte anging) Apostel geworden.

EPILOG

Vielleicht sind Ihnen bei der Lektüre Geistesblitze gekommen oder Lichter aufgegangen. Das wäre gut. Vieles wurde nur angerissen und lädt ein zum Weiterdenken.

Die Betrachtung der Bibelworte im Begriffsumfeld zur Zeit der Bibel und in heutigem Deutsch holt einige Texte heraus aus einem Schrein der Heiligkeit, die man nicht hinterfragen darf. Das kann gut sein, das kann an einigen Stellen aber auch ein wenig schmerzen. Wenn solche Probleme auftauchen, sollten Sie die Bibel besser so lesen, wie wir es gewohnt sind. Das ist wichtig zu betonen.

Wir sind aufgefordert, das Wort Gottes zu erforschen und zu verstehen. Dabei hilft dieser Ansatz.

Wenn Sie weitere Bibelstellen vor dem Bedeutungsumfeld der alten Sprachen verstehen wollen, werden Sie feststellen, dass dieses Buch für einige Passagen etwas mehr Klarheit bringt. Durch die intensive Beschäftigung mit den Begriffen aus der Bibel wächst das Wissen des Herzens und festigt die liebevolle Beziehung zu Gott.

LITERATUR

1. Kluge, F. et al.: Etymologisches Wörterbuch der dt. Sprache, Duden-Verlag 1967
2. Werner, E.: Ich glaube, hilf meinem Unglauben. Das Buch zur Jahreslosung 2020, SCM 2019
3. Konkordantes neues Testament mit Stichwortkonkoranz, Konkordanter Verlag 1980
4. Wikipedia: Herrlichkeit
5. Sommer, D. C.: Wahrheit in währschafte Vollwertkost 3/2006
6. Werner, R.: Das Buch, SCM 2006
7. Dietzfelbinger, E.: Das Neue Testament, Interlinearübersetzung Griechisch-Deutsch, Hänssler-Verlag 1989
8. Menge, H.: Taschenwörterbuch der griechischen und deutschen Sprache, Langenscheidt-Verlag 1910
9. Septuaginta, Dt. Bibelgesellschaft 1979
10. Maimonides: Mischne Tora, Hilchot Mat'notAni'im 10: 1, 7–17
11. Menge, H.: Taschenwörterbuch der lateinischen und deutschen Sprache, Langenscheidt-Verlag 1963
12. Laepple, U.: Biblisches Wörterbuch, SCM 2010
13. Böhi-Zbinden, St.: Ohne Demut kein Himme!? IGW, Zürich, 2007
14. Gutenberg, J.: Bibel von 1454 in Latein, Faksimile-Ausgabe, Taschen-Verlag 2018
15. Bremer Biblische Handkonkordanz, Anker-Verlag 1979
16. Hoffnung für alle.: Die Bibel in großer Schrift, Brunnen-Verlag, 2002
17. Fohrer, G. et al.: Hebräisches und aramäisches Wörterbuch zum Alten Testament, de Gruyter-Verlag 1997
18. Muchlinsky, F.: Mit dem Herzen denken. Fasten Aktion. Evangelisch.de 2021

19. Weber, R. et al.: biblia sacra iuxta vulgate versionem, Dt. Bibelgesellschaft 2007
20. Schenker, A. et al.: biblia hebraica stuttgartensia, Dt. Bibelgesellschaft 1997
21. Drosdowski, G.: Etymologie der deutschen Sprache, Dudenverlag 1989
22. Maslow, A.: Motivation und Persönlichkeit. Rowohlt-Verlag 1981 (Urschrift 1943)
23. Thompson: Studienbibel, Hänssler-Verlag 1986
24. Gniewoß, U.: Was ist eigentlich Barmherzigkeit? In der Predigtreihe: Wie christlich ist das Abendland 2016
25. Bonhoeffer, D.: Illegale Theologenausbildung: Finkenwalde 1935-1937, DBW 14, 868
26. Guthling, O.: Langenscheidts Wörterbuch der griechischen und deutschen Sprache, 2. Teil: Deutsch-Griechisch, Langenscheidt-Verlag 1958
27. Dietrich, M.: Ich weiß, dass ich nichts weiß, online, 2012
28. Wischhöfer, B. et al.: αmen-online, http//amen online.de/bibel, 2007–2009
29. Bonhoeffer, D.: Nachfolge, Chr. Kaiser-Verlag 1984
30. Habres, Ch.: Moische, wohin fährst du? Wien und der jüdische Witz, Metro-Verlag 2010
31. Kaufmann, P.: Neutestamentliches Griechisch, Francke-Verlag 1981
32. Wikipedia: Aaronitischer Segen
33. Schlappa, U.: SMD-Regionaltag Niedersachsen 2021
34. Baltes, G.: Die verborgene Theologie der Evangelien, Francke-Verlag 2020
35. Baltes, G.: Paulus, Jude mit Mission, Francke-Verlag 2016
36. Früchtel, L.: Griechische Schulgrammatik, Bayrischer Schulbuchverlag 1963
37. Stählin, W.: Predigthilfen, Johannes Stauda-Verlag 1966
38. Fischer, St.: Ewigkeit in WiBiLex, das wiss. Bibellexikon im Internet, 2014
39. BasisBibel: Deutsche Bibelgesellschaft 2021
40. Poppe, H.: Herr, wir sind Brüder, Lieder der Kreuzbruderschaft, Pallotinerdruck 1982

Der Autor

Jörg Schwab wurde 1954 in Hessen geboren. Nach dem Abitur mit Latinum und Graecum absolviert er das Studium der Medizin und ist seit 1980 als Arzt, seit 1990 auch als Chefarzt tätig.
In seiner Freizeit widmet er sich dem Dichten und engagiert sich in der evangelischen Kirche. Seit 1983 ist er auch als Laienprediger unterwegs.
Der Autor, der bereits mehrere medizinische Artikel verfasst und veröffentlicht hat, ist seit 1982 verheiratet, hat 4 erwachsene Kinder im Alter zwischen 30 und 40 Jahren und 5 Enkelkinder.
„Was meint die Bibel eigentlich mit ..." ist sein erstes veröffentlichtes Werk außerhalb des medizinischen Bereichs.